Shakti Gawain

Autobiographie

RETOUR AU JARDIN

Le Souffle d'Or
BP 3
BARRET-LE-BAS

Titre original «Return to the garden»
A journey of discovery

ISBN 0 931432 88 X
Original US publication by New World Library
San Rafael, California USA

Traduction : Le Souffle d'Or
Couverture : illustration : Michel Roudnitska
maquette : Génépy / Gap
Photocomposition : Aline Pontailler
Impression et façonnage : SEPC St-Amand-Montrond 18

Dépôt légal : 1er trimestre 1991
ISBN 2 904670 52 1

LE SOUFFLE D'OR
BP 3
BARRET-le-BAS

Ce livre est dédié à notre mère, la Terre.

SOMMAIRE

REMERCIEMENTS

J'aimerai remercier les personnes suivantes de m'avoir aidée à créer et préparer ce livre : Kathryn Altman, Marc Allen, Carol LaRusso, Katherine Diter, Cheryl White et Deborah Eaglebarger. Je remercie spécialement mon amie Manuela pour son soutien et sa présence, constants à tous les niveaux.

Je suis reconnaissante des suggestions et réactions de Leslie Ayvazian, Jonathan Merritt, Tanha, Kathleen Holland, Hal Stone et Sidra Winkelman, Beth Gawain, Thomas Weinberg, Joanna Karp et d'autres bons amis.

Je veux saluer ma famille, mes amis, amants, étudiants, clients et lecteurs — tous ceux qui ont tant apporté à ma vie et donc à ce livre. Certains d'entre vous sont cités par leur nom dans le livre, d'autres non. J'ai désiré y inclure et y remercier toutes les personnes que j'ai connues et aimées. Cela n'était pas possible, le livre aurait fait au moins mille pages ! Pour sa simplicité et sa clarté, j'ai dû mettre l'accent sur certains thèmes, événements et personnages. Certains d'entre vous se sentiront peut-être oubliés, tandis que d'autres regretteront peut-être de ne pas l'être ! Que vous ayez été mentionné spécifiquement ou non, vous savez qui vous êtes et j'espère que vous savez ce que vous m'avez donné. Je vous remercie et je vous aime.

CHERS LECTEURS

Je suis confortablement assise sur un trône naturel creusé dans une formation rocheuse de lave noire, promontoire qui se détache sur une belle plage de sable blanc pour s'avancer dans le bleu de l'océan. C'est mon lieu de pouvoir, l'endroit au monde où je me sens le plus en connexion avec mon âme. Sous mes yeux roulent les vagues arrivant du grand large, porteuses d'océans d'énergie intense. Elles viennent se briser juste devant moi, m'aspergeant de leur force vitale. La roche est chaude et douce sous moi et tout aussi puissante dans sa solidité que l'océan dans son mouvement. La combinaison de la pierre immobile et de l'eau mouvante m'amène à un état d'équilibre et de plénitude absolus. J'habite à présent près de ce lieu et peux donc y venir souvent. J'y ai l'impression que mon âme me parle, me disant des choses dont j'ai besoin de me souvenir. Et parfois, j'ai aussi le sentiment que la Terre me parle.

Comment ai-je découvert ce lieu magnifique ? C'est, entre autres choses, le sujet de ce livre.

Deux raisons m'ont poussée à l'écrire. Tout d'abord, je voulais exprimer ce que je ressens par rapport à la Terre. Nous vivons une époque très importante de l'histoire de notre planète. Nous commençons à nous éveiller et à prendre conscience de notre relation avec la terre et avec toutes les créatures terrestres. Il est temps pour nous d'apprendre à vivre d'une façon naturelle et harmonieuse, en tant qu'êtres conscients sur la terre, intégrant notre partie spirituelle à notre identité physique. Ce livre constitue ma contribution à cette quête.

Raconter mon histoire personnelle est ma seconde raison d'écrire ce livre. Mes ouvrages précédents (et certaines parties de celui-ci) sont inspirés par ma source créative supérieure et visent essentiellement à expliquer comment nous pouvons vivre en harmonie avec des principes universels simples.

Souvent, lorsque je rencontre des gens qui ont lu mes livres, je m'aperçois qu'ils m'ont mise sur un piédestal et s'attendent à me trouver rayonnante et parfaite. Ils sont choqués de découvrir que je suis un être humain comme les autres, se donnant beaucoup de peine pour intégrer sa sagesse spirituelle à sa personnalité très humaine. A certains moments, je suis très claire et rayonnante, à d'autres moments, je suis dans mes émotions et, la plupart du temps, je me situe entre les deux. On se sent seul sur un piédestal. Je vous livre mon histoire parce que je veux être connue en tant que personne. Je me sens vulnérable à vous raconter ma vie car je m'expose à être éventuellement jugée et-ou mal comprise. Je sais pourtant que vous serez nombreux à apprécier et à vous sentir concernés par ce que je vais dire. De toute façon, j'ai besoin de raconter mon histoire, la voici donc.

Ce livre retrace mon voyage personnel de découverte et mon retour au jardin de mon âme, ainsi que ma connexion avec la terre. Il envisage également la possibilité pour l'humanité d'un retour au jardin, d'une vie naturelle et équilibrée sur la terre.

Mon souhait est que vous trouviez dans le récit de mes aventures, mes combats, mes frustrations et mes victoires, mes peines et mes joies, beaucoup de réconfort et d'inspiration pour votre propre voyage.

Avec tout mon amour,

Shakti.

Première partie

LE VOYAGE DE LA TERRE

LE JARDIN
(Une brève histoire du monde)

Il était une fois, en un lieu au-delà du temps et de l'espace, une conscience dans un état d'unité et de béatitude. Cette conscience en vint à désirer aussi faire l'expérience du deux ou dualité. Ainsi elle pourrait connaître l'exaltation de se diviser en polarités opposées et l'extase de fusionner à nouveau dans l'unité.

Et donc, la conscience originelle (que nous pouvons appeler Esprit, Dieu ou Source), tout en restant une, se créa aussi en deux énergies opposées que nous pouvons nommer yin et yang, ou féminine et masculine, ou obscurité et lumière, ou esprit et forme. Le yang, ou force masculine, poussait toujours à l'action, l'individualisation, la séparation, la différence. Le yin, ou force féminine, poussait toujours à l'être, la fusion, l'union, l'unité. La vie devint la danse d'une pulsation continue entre ces énergies. Chaque fois que les énergies masculines et féminines se rencontraient naissait une nouvelle création.

La forme physique fut créée à partir de cette danse. L'attirance de la force physique pour l'individualisation créa un monde physique dense dans lequel chaque forme était séparée et distincte des autres. Bien sûr, toutes les formes provenaient de la même énergie primordiale et, par conséquent, la force féminine les ramenait sans cesse à faire l'expérience de la vibration énergétique de leur unité. Le yang poussait à la naissance incessante de nouvelles formes, le yin tendait à la mort de la forme et à l'abandon du retour dans le tout.

Le monde physique créé à partir de cette danse des énergies fut stupéfiant. Il y avait un immense cosmos plein de soleils éblouissants et de planètes innombrables. Une petite planète, qui allait être connue comme la Terre, était d'une richesse et d'une beauté incroyables. Jardin luxuriant et magique, elle comptait des océans vastes et profonds, des jungles denses, des forêts verdoyantes et de blancs déserts. L'esprit s'était créé sur la Terre sous maintes formes étonnantes de plantes et d'autres créatures vivantes.

Les énergies yin et yang commencèrent à créer deux types de formes distinctes — masculine et féminine. Chaque forme contenait les deux énergies tout en manifestant extérieurement l'une de ces qualités davantage que l'autre. Les formes masculines exprimaient des énergies plus agressives, plus dirigées vers l'extérieur. Les formes féminines exprimaient des énergies plus réceptives, plus orientées vers l'intérieur. Lorsque les deux s'unissaient, un nouvel être était créé.

Toutes sortes de créatures nouvelles et passionnantes apparurent. Certaines formes plus anciennes demeurèrent indifférenciées, masculines et féminines à la fois, mais la plupart des nouvelles espèces étaient divisées en masculines et féminines. Le Jardin fleurit et regorgea de millions d'espèces de plantes, insectes, poissons et animaux qui tous vivaient en harmonie dans une explosion de créativité.

Puis apparut un nouveau genre de créature connue comme l'être humain. Celui qui représentait la polarité masculine fut appelé Homme; celui qui représentait la polarité féminine reçut le nom de Femme. Cette espèce possédait une énergie masculine plus importante que les créatures précédentes, ce qui lui donna un nouvel attribut : un esprit rationnel capable de faire toutes sortes de distinctions et séparations.

Durant un certain temps, l'Homme et la Femme vécurent heureux en ce Jardin dans un état enfantin d'innocence et d'émerveillement. Ils vécurent chaque instant avec spontanéité, avec une grande sensibilité et eurent une existence profonde et pleine. Ils s'aimaient passionnément car chacun reconnaissait chez l'autre un miroir de la polarité opposée qu'il portait en lui. L'Homme savait qu'il avait en lui un aspect féminin et la Femme était consciente d'un aspect masculin en elle. Ils avaient conscience d'être des expressions des deux aspects de Dieu et s'émerveillaient de leur propre beauté et de leur pouvoir. Ils passaient leurs journées à folâtrer avec les autres créatures du Jardin, à s'aimer l'un l'autre et à apprendre ce qu'était l'existence. Mais un étrange destin les attendait.

Un jour, une créature belle et sage, connue sous le nom de Serpent, vint trouver la Femme. Il lui dit que l'humanité avait une destinée importante et unique. Au travers d'elle, la Source Universelle allait explorer les ultimes limites de la polarité masculine — le principe d'individualisation et de séparation. Le Serpent déclara que l'Esprit avait besoin de développer son principe masculin d'action et d'individualité à l'égal de son principe féminin d'être et d'unité. Seulement lorsque l'aspect masculin serait aussi fort que l'aspect féminin l'univers pourrait enfin se faire à lui-même l'amour dans une union extatique sans fin.

Le Serpent expliqua que l'Homme et la Femme aurait à abandonner leur vie délicieuse et innocente dans le Jardin pour s'aventurer plus profondément dans le monde physique. Il leur fallait explorer au maximum l'existence physique. Cela impliquait d'oublier temporairement leurs êtres spirituels pour se perdre presque totalement dans le monde matériel. Leurs expériences leur permettraient d'acquérir une connaissance et un pouvoir inimaginables, avec le danger qu'ils finiraient par avoir un pouvoir de destruction égal au pouvoir de création qu'ils possédaient déjà, ce qui leur donnerait la capacité de se détruire eux-mêmes et le monde physique tout entier.

Au cas où ils sortiraient vainqueurs de ces épreuves, la sagesse et la maturité acquises seraient d'une valeur incommensurable. Ils deviendraient des êtres totalement intégrés, des êtres physiques-spirituels équilibrés, canalisant pleinement le pouvoir créateur de l'univers dans le monde physique. Ils re-créeraient la vie dans le Jardin sur la Terre, plus belle qu'elle ne l'avait jamais été. Ils retourneraient dans le Jardin de l'innocence, de l'amour et de l'émerveillement, mais avec cette fois la sagesse de l'expérience et le pouvoir de le protéger et d'en prendre soin à jamais.

Le Serpent dit à la Femme que le voyage serait une grande épreuve, longue et difficile, mais grandes aussi en seraient les récompenses. Ils allaient devoir quitter le Jardin et trouver leur propre chemin. Il expliqua que toutes les autres créatures de la Terre les aideraient, mais que l'Homme et la Femme ne s'en souviendraient pas. Ensuite, il désigna un arbre connu comme l'Arbre de la Connaissance. Il portait de beaux fruits juteux mais, curieusement, nul n'en avait jamais mangé. Le Serpent dit à la Femme qu'elle devait convaincre l'Homme d'en goûter un, puis il disparut.

La Femme avait le coeur gros, elle sentait intuitivement ce qui l'attendait. Elle savait cependant qu'il lui fallait obéir. Elle n'eut aucun mal à persuader l'homme de manger le fruit. Il l'aimait et lui faisait totalement confiance, sachant qu'elle reflétait véritablement l'énergie féminine qu'il avait en lui. Il mangea donc le fruit délicieux comme elle le lui suggéra.

Aussitôt, tout changea.

L'Homme et la Femme ne ressentirent plus la béatitude et la sécurité du Jardin magique. Leurs esprits étaient devenus très acérés tout à coup et ils se mirent à s'interroger sur tout. «Où suis-je ? Pourquoi suis-je ici ?» Au lieu de vivre simplement dans l'instant présent, ils avaient une conscience aiguë du passé et du futur. «Où étais-je ? Que vais-je faire ?» Ils commencèrent à tout mettre en question, à analyser et à remarquer toutes sortes de distinctions et de différences.

Bien que leur environnement fût resté le même, ils voyaient et ressentaient tout différemment. Ils devinrent aussi très conscients d'eux-mêmes. Au lieu de se percevoir comme des êtres naturels à l'image de Dieu, ils se trouvaient désormais inadéquats et stupides. Au lieu de s'aimer et de s'accorder une confiance mutuelle en tant qu'aspects d'eux-mêmes, ils se rendirent compte de toutes leurs différences et commencèrent à se méfier l'un de l'autre. A partir du moment où ils s'aperçurent qu'ils était différents physiquement, leur nudité les gêna et ils la dissimulèrent sous des vêtements confectionnés avec des feuilles.

Ils avaient faim et se demandaient comment ils allaient survivre. Ainsi donc, ils se mirent à la recherche de nourriture et d'abri. Ils avaient un vague souvenir de la vie dans le Jardin, souvenir qui s'effaça au fur et à mesure que les absorbait leur apprentissage de la survie dans cette nouvelle réalité. Ils oublièrent qu'ils étaient l'esprit de Dieu dans la forme physique et commencèrent à penser à Dieu comme à quelqu'un de très éloigné qui pouvait peut-être, peut-être pas, les aider dans leurs luttes. Ils créèrent des rituels qui leur rendaient momentanément le sentiment extatique d'unité avec Dieu mais, la plupart du temps, ils se sentaient séparés et seuls.

Et pourtant, ils se prirent au jeu de l'apprentissage de la vie dans le monde physique. Ils apprirent à ramasser des fruits et des noix, ainsi qu'à chasser des animaux pour se nourrir. Le climat avait changé depuis leur départ du Jardin et comme il faisait souvent très froid, ils découvrirent comment utiliser la peau des animaux pour se vêtir et les cavernes pour se mettre à l'abri.

L'Homme et la Femme commencèrent à se répartir les tâches. Plus fort physiquement l'Homme chassait, tandis que la Femme préparait la nourriture et entretenait l'abri.

Mal à l'aise l'un par rapport à l'autre du fait de la conscience de leurs différences, ils n'en étaient pas moins attirés réciproquement par leur polarisation. Ils avaient oublié qu'ils étaient chacun complet en lui-même. Il leur semblait que l'autre possédait quelque chose qu'il ou elle n'avait pas et qui lui manquait cruellement. Le besoin qu'ils avaient l'un de l'autre les effrayait. N'aimant pas ce sentiment que l'un avait tellement de pouvoir sur l'autre, ils essayaient de dissimuler ce qu'ils éprouvaient. Ils devinrent méfiants l'un envers l'autre, sans pouvoir toutefois réprimer leur aspiration à être proches.

Ils ne connaissaient qu'un seul moyen d'exprimer ce besoin de l'autre, l'union sexuelle. Durant l'accouplement, ils retrouvaient ce vieux sentiment extatique familier qu'ils avaient connu en permanence du temps de leur vie dans le Jardin. Ce sentiment était néanmoins fugitif et leur attention se reportait toujours de nouveau sur la question importante de la survie.

Il résulta une chose fascinante de leurs expériences sexuelles; ils commencèrent à avoir des enfants ! Ils avaient le pouvoir de créer ensemble de nouveaux êtres humains semblables à eux-mêmes, découvrirent-ils, étonnés et exaltés, mais inquiets aussi, car cela signifiait plus de bouches à nourrir et plus de responsabilités.

Leurs enfants grandirent et eurent des enfants. L'Homme et la Femme s'aperçurent que leurs corps changeaient — ils s'usaient lentement ! La fatigue ralentissant leurs corps et leurs enfants devenus grands prenant en charge presque tout le travail, ils eurent plus de loisirs. Ils se mirent à se promener dans la forêt, s'assirent côte à côte pour regarder le coucher du soleil, réveillant ainsi de vieux souvenirs de leur joyeuse vie commune dans le Jardin. Les soucis quotidiens du monde ne leur paraissaient plus tellement importants. En fait, ils commencèrent à oublier maints détails insignifiants, tels que le nom de tous leurs enfants ou en quelle année ils se trouvaient. Ils appréciaient toutefois la compagnie de leurs petits-enfants. Sur leurs jeunes visages innocents, aux expressions si spontanées à chaque instant, l'Homme et la Femme voyaient le reflet de leurs propres âmes qu'ils avaient oubliées depuis longtemps. La beauté de la nature et le reflet renvoyé par les enfants de leurs enfants leur permirent de retrouver la pure essence de leurs êtres et de s'y unir à nouveau. Puis leurs âmes quittèrent leurs formes physiques pour passer à un autre niveau de réalité.

Les petits-enfants de l'Homme et de la Femme grandirent et perdirent leur innocence en affrontant à leur tour les soucis et les épreuves du monde. Il en alla de même à chaque génération. Durant une brève période de la petite enfance, chaque être semblait vivre provisoirement dans le Jardin et percevoir le monde avec un regard frais et neuf d'amour, d'émerveillement et d'unité avec toute vie. Ensuite, chaque personne se mettait en devoir de se définir en tant qu'être humain séparé et unique et de découvrir comment survivre et grandir dans un monde qui apparaissait souvent comme hostile et difficile.

Des centaines et des milliers de générations se succédèrent et, en dépit de difficultés et de désastres innombrables, l'humanité dans son ensemble se développa, prospéra et se répandit sur toute la Terre. Elle apprit à faire pousser de la nourriture et élabora des méthodes agricoles toujours plus perfectionnées. Elle découvrit comment fabriquer toujours mieux des outils et des armes pour mieux défendre son territoire ou s'emparer de celui d'autrui. Elle construisit des abris plus grands et plus confortables, dont certains furent finalement si énormes qu'ils dépassaient tous les arbres en hauteur et pouvaient accueillir des centaines de personnes !

Conformément à la prédiction du Serpent, après de très très nombreux siècles, les êtres humains devinrent les maîtres du monde physique. Ils avaient créé une technologie sophistiquée capable de toutes sortes d'accomplissements stupéfiants et apparemment magiques. Ils savaient propulser des êtres humains dans l'espace et les en faire revenir en toute sécurité (la plupart du temps). Un être humain se trouvant d'un côté de la Terre pouvait communiquer avec un autre de l'autre côté, simplement en parlant dans un petit gadget appelé téléphone (à moins que la ligne ne fût «mauvaise»).

Les gens pouvaient s'exprimer ou jouer de la musique et des millions d'autres partout dans le monde les voir et les entendre grâce à une boîte du nom de télévision. Et les gens pouvaient aussi parcourir des centaines ou des milliers de kilomètres en quelques minutes ou heures dans d'étranges créatures baptisées automobiles et avions, qui avalaient des liquides à odeur forte, puis recrachaient des fumées.

Comme le Serpent l'avait promis à la Femme, les plantes, les animaux et les autres créatures de la Terre soutinrent l'humanité dans ses efforts. Certaines espèces de plantes et d'animaux se sacrifièrent même pour devenir de la nourriture, des compagnons et des travailleurs pour la race humaine. Malheureusement, la plupart des êtres humains ne s'en rendaient pas compte et n'en étaient pas reconnaissants. Ils étaient devenus très arrogants, presque aveugles à leur relation avec la

Terre et ses autres créatures, et ils se considéraient comme supérieurs à tous et à tout sur la Terre. Ils estimaient avoir le devoir et le droit de conquérir et contrôler tout ce qui les entourait. Au cours de leur quête de la maîtrise du monde physique, ils avaient perdu tout contact avec nombres des lois naturelles et simples de la Terre qui assuraient le fonctionnement harmonieux de tout.

Il en résulta que les systèmes de la Terre se déséquilibrèrent et que la vie sur terre s'altéra rapidement pour les êtres humains et toutes les autres créatures. Les humains avaient tant proliféré qu'ils ne pouvaient plus vivre tous convenablement sur la planète. Ils étaient nombreux à habiter dans les jungles de ciment surpeuplées appelées villes où ils n'avaient que peu de contacts avec les éléments nourriciers et réconfortants de la nature. La vie était triste et souvent dangereuse et violente dans ces jungles. Du fait des poisons qui se trouvaient dans l'air et dans les aliments, les gens se détruisaient littéralement en respirant et en mangeant !

D'immenses quantités de ressources de la Terre — le sol et l'eau partout dans le monde — étaient utilisées pour nourrir des animaux qui étaient ensuite abattus pour nourrir les gens les plus riches dans de petites régions du monde. Ces gens détruisaient parfois de grosses quantités de nourriture pour maintenir ce qu'ils appelaient l'«équilibre économique». Pendant ce temps, des pauvres en nombre toujours croissant dans ces mêmes régions, et encore plus dans le reste du monde, étaient en train de mourir de faim !

Finalement, de vastes zones de la Terre furent polluées. Beaucoup de fleuves et de lacs, et même de vastes océans, furent détruits par des produits chimiques utilisés systématiquement dans leurs travaux agricoles et industriels.

De nombreuses espèces végétales et animales furent détruites par les activités humaines. Beaucoup d'autres créatures magnifiques frisèrent l'extinction tandis que la civilisation humaine s'étendait sans scrupule sur des régions encore vierges.

Même le temps se mit à changer dramatiquement à cause des expériences des êtres humains à terre et dans l'espace, ainsi qu'à cause de la destruction des forêts tropicales.

Comme le Serpent l'avait prédit, l'espèce humaine avait développé le pouvoir de destruction. Non seulement elle détruisait la Terre par son manque négligent d'harmonie interne et avec la Terre, mais elle s'appliqua à créer les armes les plus violentes et destructrices possibles et y parvint extrêmement bien. Elle possédait des systèmes permettant à quelques personnes de libérer instantanément, en appuyant sur des boutons, assez de puissance pour détruire la Terre entière et toutes ses créatures vivantes !

Tels de petits garçons jouant avec leurs cadeaux de Noël, les humains expérimentèrent les premières versions de ces armes puissantes et ils anéantirent beaucoup d'autres gens et se firent très peur à eux-mêmes à cette occasion. Ils mirent donc ces armes de côté, mais ils continuèrent à en fabriquer de plus grosses et de plus puissantes, qu'ils mirent également de côté. Ils aimaient s'intimider les uns les autres et s'efforçaient constamment de déterminer qui possédait le plus grand pouvoir de destruction.

Les êtres humains se trouvaient dans un triste état spirituel et émotionnel. Comme le Serpent l'avait prédit, les humains s'étaient tellement enfoncés dans la conscience du plan physique qu'ils s'étaient perdus dans cette réalité. Ils avaient oublié leur origine, la divinité, l'amour et la puissance de leurs êtres spirituels.

S'étant coupés de la puissance de l'Esprit, ils se sentaient émotionnellenent impuissants, apeurés et seuls. Ils voulurent alors s'efforcer d'acquérir du pouvoir matériel dans le monde, pensant qu'il leur apporterait la sécurité. Ils furent nombreux à devenir obsédés d'argent, de succès, de position et d'influence politique.

Parce qu'ils étaient coupés de la plénitude de l'Esprit, se sentant vides et insatisfaits, ils tentèrent de trouver une sorte de plénitude dans des choses extérieures. Ils s'adonnèrent à la nourriture, à l'alcool et à d'autres drogues, au sexe et à toute autre recherche susceptible de leur donner un sentiment temporaire de plaisir ou de satisfaction.

Ayant perdu le contact avec leur propre nature intérieure et avec le monde naturel qui les entourait, ils avaient perdu une grande part de leur compréhension intuitive de la relation entre eux. Et tant d'humains souffraient de tels manques émotionnels et déséquilibres, qu'ils avaient beaucoup de peine à élever sainement leurs enfants. Les environnements qu'ils avaient créés ne permettaient pas non plus l'épanouissement des enfants.

Beaucoup de jeunes humains n'obtenaient pas la satisfaction de leurs besoins émotionnels et ils grandissaient dans la peur, la tristesse, la colère, la frustration ou l'absence d'émotions. Ils transmettaient à leur tour ces qualités à leurs enfants.

Il se trouva toujours à travers les âges quelques êtres humains qui maintinrent leur connexion avec l'Esprit et prirent conscience des déséquilibres du monde. Certains d'entre eux essayèrent d'éveiller l'attention des autres, selon des méthodes différentes et avec plus ou moins de succès. Lorsque la situation s'aggrava, plus de gens perçurent les problèmes et se mirent en quête de solutions. Ils furent nombreux à chercher la vérité à travers les arts. Certains explorèrent la psychologie humaine afin de se guérir eux-mêmes et les autres sur le plan émotionnel. D'autres s'attelèrent à des problèmes de politique ou d'environnement. Et certains, dans leur quête de réponses spirituelles, se tournèrent vers des enseignements anciens, les réinterprétant pour les temps modernes et les communiquant aux autres.

La vie de la plupart de ces chercheurs de vérité s'améliora. Leurs pratiques spirituelles les aidèrent à se sentir de plus en plus connectés à leur Source et ils commencèrent à éprouver la puissance de Dieu circulant à travers eux pour remédier à certains problèmes de leurs existences et du monde. Ils virent parfois se produire des événements miraculeux grâce à cette puissance créatrice qu'ils canalisaient.

Leur travail psychologique leur permit de balayer nombre de vieilles conceptions erronées et de schémas émotionnels qui se transmettaient de génération en génération. Ceux qui avaient le courage d'affronter leurs plus grandes peur et souffrance traversèrent leur plus profonde zone d'ombre et trouvèrent la lumière.

Ils purent à nouveau s'aimer et s'accepter, eux-mêmes et les autres. Ils apprirent à accepter et apprécier leurs sentiments et émotions d'êtres humains et à communiquer plus honnêtement avec les autres. L'intimité dont ils avaient besoin dans leurs relations se développa. Certains hommes commencèrent à se rendre compte que les femmes de leur entourage reflétaient leurs énergies féminines intérieures, tandis que certaines femmes se mirent à voir les hommes de leur entourage comme le reflet de leurs propres énergies masculines intérieures.

Tout cela les aida à s'apprécier mutuellement davantage. Prenant plus confiance dans leur plénitude intérieure, ils se sentirent moins vulnérables et effrayés les uns par rapport aux autres. La grande attirance qui existait entre eux leur posa moins de problèmes puisqu'ils y reconnaissaient la danse naturelle des polarités masculine et féminine dans l'univers. Plus en harmonie avec eux-mêmes et les autres, ils devinrent plus aptes à aimer et à soutenir les enfants qu'ils mettaient au monde. Ils commencèrent à reconnaître en eux l'essence innocente et spontanée avec laquelle ils avaient perdu le contact en eux-mêmes et ils permirent à ces enfants de leur enseigner la réunion avec leur propre moi intérieur.

A leur tour, ils devinrent finalement capables de montrer à leurs enfants comment mener une vie utile et heureuse dans le monde physique. Ces nouveaux êtres incarnés n'eurent plus à connaître la douleur d'oublier qui ils étaient et de se sentir perdus; dès leur conception et leur naissance, ils furent reconnus en tant qu'êtres spirituels et encouragés à vivre et exprimer leur vérité. Ouverts et clairs, canalisant intensément la puissance créatrice, la plupart d'entre eux semblaient savoir pourquoi ils vivaient et commencèrent à suivre leur propre voie dès leur plus jeune âge.

Les chercheurs de vérité essayèrent de résoudre certains problèmes politiques, sociaux et de l'environnement. Quelques-uns furent élus ou nommés à des postes politiques. D'autres écrivirent des livres, des articles, créèrent des films ou des émissions de télévision pour tenter de réveiller les gens. Beaucoup travaillèrent tout simplement dur pour régler des problèmes individuels dans leurs communautés. Il y eut parfois des progrès magnifiques et, d'autres fois, des résultats décourageants.

Quoique toujours plus nombreux, ces chercheurs de vérité étaient une minorité, tandis que les conditions générales de vie sur la terre empiraient pour la plupart des gens. La violence et la folie augmentaient chez les êtres humains. La plupart des chefs politiques, reflétant les masses, s'efforçaient encore d'agir comme par le passé. La pollution et la destruction écologique prenaient des proportions gigantesques. La Terre elle-même, fâchée et perturbée, manifestait son désir de respect par des tremblements de terre, des éruptions volcaniques, des inondations, des changements de climat et d'autres moyens à sa disposition.

Les âmes de beaucoup d'humains et d'autres créatures, voyant le degré de transformation qui était demandé et ne désirant pas accomplir l'effort nécessaire, choisirent de passer par la transition appelée «mort» et quittèrent leur corps physique. Elles allèrent faire pour un certain temps l'expérience d'un autre plan d'existence, une partie d'entre elles avec le sentiment qu'elles reviendraient peut-être plus tard dans cette réalité physique, lorsque ce serait plus facile ou plus agréable.

Celles qui restèrent, qu'elles en fussent ou non conscientes, étaient à l'évidence aventureuses et désiraient jouer un rôle dans le changement spectaculaire qui se préparait.

Pendant que les conditions extérieures continuaient à s'assombrir, toujours plus d'êtres humains étaient attirés vers l'intérieur, à la recherche d'une lumière. Obligés d'abandonner leur état d'engourdissement et de dénégation, ils commencèrent à regarder en face leur peur et leur souffrance. Ils furent de plus en plus nombreux à devenir des chercheurs de vérité.

Les nouveaux enseignements se répandirent à travers des orateurs, des livres, des films et même la télévision (bastion de l'ancienne réalité). Les gens se mirent à former de petits groupes partout sur la terre, pour mettre en commun leurs peurs et problèmes, et se donner les uns aux autres soutien et inspiration. Ils se rendirent compte qu'aucun d'entre eux ne pouvait résoudre ses difficultés seul — ils avaient besoin de l'aide et de l'amour des autres. Ces réunions permirent de constituer progressivement de nouvelles familles, composées de personnes conscientes de leur interconnexion spirituelle et de leur mission commune. Les différentes familles agissaient de manières différentes, mais elle partageaient le même objectif — servir Dieu en se sauvant et en sauvant la planète.

Certaines de ces familles de chercheurs de vérité se trouvèrent attirées vers des lieux de pouvoir sur la terre. Elles émigrèrent pour s'installer en ces lieux de pouvoir particuliers. Là, elles reconnaissaient la Terre elle-même comme leur mère et leur maître suprême. Elles lui abandonnèrent leur vie, lui demandant de les guider dans l'apprentissage d'une vie naturelle, dans la vérité et l'harmonie.

De la sorte, l'humanité, qui avait accompli son destin de porter la polarité de l'énergie masculine jusqu'à l'extrême de l'individualisation et de la séparation, fermait la boucle. Une fois encore, les êtres humains revenaient au pouvoir du principe féminin et l'intégraient.

La Terre réagissait comme toute mère aimante à l'égard de ses enfants, couvrant les êtres humains de soutien, d'amour et de sagesse en abondance. Elle se mit à leur parler de bien des façons et leur enseigna tout ce qu'il leur fallait savoir. Ils commencèrent à pratiquer des rituels de méditation, de chant et de danse pour s'harmoniser avec la Terre. Elle les aida à se reconnecter à la sagesse ancienne qu'ils portaient dans leur âme. Pas à pas, la Terre leur apprit à vivre naturellement et de manière équilibrée. Ils trouvèrent la guérison pour leur corps, leurs émotions, leur mental et leur esprit. Ils vécurent avec une honnêteté et une acceptation croissantes pour eux-mêmes et envers les autres. Ils mangèrent une nourriture naturelle et nourrissante, en accord avec les lois naturelles de la Terre. Ils construisirent des abris confortables et beaux, qui s'intégraient à leur environnement. Ils créèrent des écoles où les enfants se plaisaient, s'enthousiasmaient et apprenaient ce qu'ils avaient besoin de savoir sur la vie. Ils réformèrent les systèmes politiques locaux et élurent des dirigeants qui défendaient leurs valeurs. Ils se consacrèrent à la résolution des problèmes écologiques et d'environnement, tout en agissant par rapport à des problèmes mondiaux plus vastes.

Ils créèrent aussi des centres de guérison et d'enseignement. De nombreuses personnes venues de tous les coins du monde y recevaient un traitement personnel à tous les niveaux et y apprenaient toutes les facettes de ce nouveau mode de vie. Elles y restaient un certain temps, passaient par une transformation personnelle importante, puis retournaient chez elles pour instruire et guérir les autres. De cette façon, le nouveau mode de vie était transmis depuis les lieux de pouvoir à beaucoup d'endroits sur la Terre.

Certaines personnes qui venaient pour une guérison étaient très puissantes dans le monde ancien. Certaines avaient de l'influence dans les médias et, à partir du moment où elles se rendirent compte que la transformation était possible, elles commencèrent à répandre le message dans le monde. Elles mirent sur pied des émissions de télévision populaires qui véhiculaient le message d'une façon intéressante et divertissante. Dans la mesure où des millions de gens étaient branchés sur ce réseau global télévisuel, la vision d'un nouveau mode de vie se diffusait réellement partout. De nouveaux chefs furent élus, qui étaient engagés dans leur propre transformation personnelle et dans la création d'un monde nouveau. Guidés par la Puissance Supérieure et soutenus par les gens et toutes les créatures de la Terre, ils supprimèrent ou changèrent les vieilles institutions qui ne fonctionnaient plus et en créèrent de nouvelles qui travaillaient efficacement au plus grand bien de tous.

L'espèce humaine cessa de polluer et de détruire la Terre. Elle apprit à y vivre avec équilibre et amour. Peu à peu, la Terre recommença à fleurir et devint plus belle que jamais auparavant.

Les êtres humains vivaient avec spontanéité, découvrant dans chaque instant le plaisir et la plénitude de l'évolution, du changement et de la vitalité. Ils sentaient leur appartenance au Grand Esprit qui unifiait toute vie et toute existence. Ils n'en appréciaient pas moins leurs différences individuelles et s'aimaient, y compris dans leurs limitations humaines. Ils avaient à chaque instant pour le monde un regard d'une fraîcheur innocente, tout en se rappelant leur souffrance passée. Leur expérience leur avait apporté la sagesse et la force de se protéger et de prendre soin d'eux-mêmes, ainsi que de la Terre.

Les hommes et les femmes s'aimaient passionnément et n'avaient pas peur de l'intensité de leur amour. Ils voyaient la beauté et la puissance de l'univers entier reflétées chez l'autre et chez leurs enfants. Ils vivaient en harmonie avec la Terre, avec toutes les créatures terrestres et avec tous les rythmes de la nature.

L'humanité était de retour au Jardin.

APPRENDRE DE LA TERRE

La Terre est notre mère. Elle a été la mère nourricière attentive à ses nourrissons, leur donnant tout ce qu'il leur fallait. Ses bébés devenant de jeunes enfants, elle s'est mise en retrait pour leur permettre d'explorer et d'apprendre à faire les choses par eux-mêmes. Elle nous a laissé commettre nos erreurs, même lorsqu'elles lui portaient préjudice, sachant que nous ne pouvions pas apprendre ni nous développer autrement. Et elle était toujours là quand nous avions besoin d'elle, telle une mère dont l'enfant fait ses premiers pas pour découvrir le monde et qui revient en courant dans son giron pour être réconforté et rassuré.

Maintenant nous devenons des adultes. Il est temps que nous prenions la responsabilité de notre comportement. La Terre, qui nous aime toujours autant, se montre à présent plus sévère, pour notre bien comme pour le sien. Elle ne peut plus nous laisser continuer à faire des bêtises avec inconscience, sans nous soucier de les corriger. Nous ne pouvons plus vivre d'une manière puérilement égocentrique, en ignorant les autres êtres qui nous entourent. La Terre est en train de devenir une mère plus stricte. De même qu'il faut poser des limites à chaque enfant pour qu'il apprenne à vivre dans le monde en tenant compte des autres, la Terre nous montre aujourd'hui clairement nos frontières personnelles et tient à ce que nous les respections.

En tant que mère, la Terre est aussi notre meilleur maître. Avec de l'attention, nous pouvons apprendre d'elle tout ce qu'il faut savoir pour vivre sur le plan physique. Chaque jour, de multiples façons, elle nous montre ses rythmes et cycles naturels, toutes les lois naturelles de la vie.

Ses autres enfants, nos frères et soeurs aînés les plantes et les animaux, sont aussi des maîtres importants. Ils vivent déjà en harmonie avec la Mère Terre. En suivant leur exemple, nous pouvons apprendre beaucoup de choses sur nous-mêmes.

Certains de nos autres frères aînés, nombre de peuples anciens, comprirent aussi leur place en tant que partie de la grande famille de la Terre. Nous pouvons apprendre beaucoup en étudiant leurs manières d'être et en reprenant les idées et pratiques susceptibles de nous aider. Non pas que nous ayons besoin, ou que nous puissions, retourner dans le passé, mais leur mode de vie possédait et possède toujours une grande sagesse que notre immense connaissance sophistiquée nous a fait perdre. Nous devons retrouver cette sagesse innée et utiliser notre connaissance technique non pas pour détruire, mais pour améliorer et protéger la Terre.

Voici un bel exemple de la sagesse du passé. Il s'agit d'une lettre écrite au début des années 1850 par le Chef Seattle de la tribu des Suwamish, dans ce qui est actuellement l'état de Washington, au président Franklin Pierce des Etats-Unis, en réponse à une offre d'achat d'une vaste région indienne, assortie d'une promesse de réserve pour les Indiens.

«Comment pouvez-vous acheter ou vendre le ciel, la chaleur de la terre ? L'idée nous paraît étrange. Si nous ne possédons pas la fraîcheur de l'air et les scintillements de l'eau, comment pouvez-vous les acheter ?

«Chaque partie de la terre est sacrée pour mon peuple.

«Chaque aiguille brillante de pin, chaque rivage sablonneux, chaque brume dans les forêts sombres, chaque clairière et insecte bourdonnant est sacré dans la mémoire et l'expérience de mon peuple. La sève qui court dans les arbres transporte la mémoire de l'homme rouge.

«Les morts de l'homme blanc oublient le pays de leur naissance quand ils partent marcher parmi les étoiles. Nos morts n'oublient jamais cette belle terre car elle est la mère de l'homme rouge.

«Nous faisons partie de la terre et elle fait partie de nous.

«Les fleurs parfumées sont nos soeurs; le ccrf, le cheval, le grand aigle, ceux-là sont nos frères.

«Les crêtes rocheuses, les plaines irriguées, le corps chaud du poney, l'homme — tous appartiennent à la même famille.

«Ainsi, lorsque le Grand Chef à Washington nous envoie le message qu'il désire acheter notre terre, il nous demande beaucoup. Le Grand Chef envoie le message qu'il nous réservera un lieu où nous pourrons vivre convenablement entre nous.

«Il sera notre père et nous serons ses enfants. Nous allons donc réfléchir à votre offre d'acheter notre terre.

«Mais ce ne sera pas facile. Car cette terre est sacrée pour nous.

«L'eau scintillante qui court dans les ruisseaux et les rivières n'est pas seulement de l'eau, mais aussi le sang de nos ancêtres.

«Si nous vendons notre terre, vous devrez vous rappeler qu'elle est sacrée et que chaque reflet fantomatique sur l'eau claire des lacs rappelle des événements et des souvenirs de la vie de mon peuple. Le murmure de l'eau est la voix du père de mon père.

«Les rivières sont nos soeurs, elles étanchent notre soif. Les rivières portent nos canoës et nourrissent nos enfants. Si nous vendons notre terre, vous devrez vous rappeler et enseigner à vos enfants que les rivières sont nos soeurs, et les vôtres, et vous devrez de ce fait avoir pour les rivières la même bonté que pour vos soeurs.

«Nous savons que l'homme blanc ne comprend pas nos manières d'être. Pour lui, un lopin de terre est pareil au voisin, car il est un étranger qui vient dans la nuit et prend à la terre tout ce dont il a besoin.

«La terre n'est pas sa soeur, mais son ennemie et, lorsqu'il l'a conquise, il va plus loin.

«Il a laissé derrière lui la tombe de son père et peu lui importe. Il prend la terre à ses enfants et peu lui importe.

«La tombe de son père et les droits de naissance de ses enfants sont oubliés. Il traite sa mère la terre et son frère le ciel comme des choses à acheter, à piller, à vendre comme des moutons ou des perles clinquantes.

«Je ne sais pas. Nos manières d'être diffèrent des vôtres. La vue de vos villes attristent le regard de l'homme rouge. Mais la raison en est peut-être que l'homme rouge est sauvage et ne comprend pas.

«Il n'y a pas d'endroit tranquille dans les villes de l'homme blanc. Il n'y a pas d'endroit pour écouter le déploiement du feuillage au printemps ou le bruissement des ailes d'un insecte.

«Mais sans doute suis-je un sauvage qui ne comprend pas.

«Seul le vacarme semble offenser ses oreilles. Et que vaut la vie si un homme ne peut pas entendre le cri solitaire de la chouette ou le bavardage des grenouilles autour de la mare le soir ? Je suis un homme rouge et je ne comprends pas.

«L'Indien préfère le doux son du vent glissant à la surface d'un étang et l'odeur de ce vent lui-même, nettoyé par une pluie du milieu de la journée ou parfumé par les pins.

«L'air est précieux pour l'homme rouge, car toute choses partagent le même souffle — les animaux, les arbres, l'homme, tous partagent le même souffle.

«L'homme blanc ne semble pas remarquer l'air qu'il respire. Tel un homme agonisant depuis plusieurs jours, il est insensible à la puanteur.

«Mais si nous vendons notre terre, vous devez vous rappeler que l'air est précieux pour nous, que l'air partage son esprit avec toute la vie qu'il entretient. Le vent qui donna à notre grand-père son premier souffle reçut aussi son dernier soupir.

«Et si nous vendons notre terre, vous devrez la conserver à part et sacrée, où même l'homme blanc pourra venir goûter le vent adouci par les fleurs de la prairie.

«Nous allons considérer votre offre d'acheter notre terre. Si vous décidez d'accepter, je mettrais une condition : l'homme blanc devra traiter les animaux de ce pays comme ses frères.

«Je suis un sauvage et ne comprends pas les choses autrement. Qu'est l'homme sans les animaux ? S'ils disparaissaient tous, l'homme mourrait d'une grande solitude spirituelle.

«Car tout ce qui arrive aux animaux finit par arriver à l'homme. Toutes les choses sont connectées.

«Vous devez enseigner à vos enfants que la terre sous leurs pieds est faite des cendres de leurs grands-pères. Ainsi ils respecteront cette terre. Dites-leur qu'elle est riche des vies de nos semblables.

«Enseignez à vos enfants ce que nous avons enseigné aux nôtres, que la terre est notre mère.

«Tout ce qui arrive à la terre arrivera aux fils de la terre. Si les hommes crachent sur la terre, ils crachent sur eux-mêmes.

«J'ai vu un millier de buffles pourrissant dans la prairie, abandonnés par l'homme blanc qui les avait tirés d'un train en marche.

«Je suis un sauvage et je ne comprends pas en quoi le cheval de fer fumant peut être plus important que le buffle que nous ne tuons que pour rester en vie.

«Ceci nous le savons : la terre n'appartient pas à l'homme; l'homme appartient à la terre. Ceci nous le savons.

«Toutes les choses sont connectées comme le sang qui unit une famille. Toutes les choses sont connectées.

«Tout ce qui arrive à la terre arrivera aux fils de la terre. L'homme n'a pas tissé la toile de la vie; il n'en est qu'un simple fil.

«Même l'homme blanc, avec qui Dieu se promène et parle comme à un ami, ne peut échapper au destin commun.

«Nous pourrions être frères après tout.

«Nous savons une chose, que l'homme blanc découvrira peut-être un jour — notre Dieu est le même Dieu.

«Peut-être pensez-vous le posséder comme vous souhaitez posséder notre pays; mais ce n'est pas possible. Il est le Dieu de l'homme et Sa compassion est égale pour l'homme rouge et l'homme blanc.

«La terre Lui est précieuse et blesser la terre revient à se retourner contre son Créateur.

«Les Blancs disparaîtront aussi un jour, peut-être plus tôt que toutes les autres tribus. Contaminez votre lit et vous suffoquerez un jour dans vos propres détritus.

«Mais en mourant, vous brillerez intensément, illuminés par la force de ce Dieu qui vous amena dans ce pays et qui, pour une raison spéciale vous permit de dominer ce pays et l'homme rouge.

«Cette destinée constitue un mystère pour nous, car nous ne comprenons pas ce qui arrivera lorsque tous les buffles seront massacrés et tous les chevaux domptés, quand les coins les plus secrets de la forêt seront lourds de l'odeur de nombreux hommes et la vue sur les collines fertiles rayée de fils qui parlent.

«Où sont donc les fourrés épais ? Disparus.

«Où est l'aigle ? Parti.

«La vie se termine et la survie commence.

«Lorsque le dernier Homme Rouge se sera évanoui avec son monde sauvage et qu'il ne restera de lui que l'ombre d'un nuage traversant la prairie, ces rives et ces forêts seront-elles encore là ? Restera-t-il encore un des esprits de mon peuple ?

«Nous aimons cette terre comme un nouveau-né aime les battements du coeur de sa mère.

«Ainsi, si nous vendons notre terre, aimez-la comme nous l'avons aimée. Traitez-la comme nous l'avons traitée. Gravez dans votre esprit le souvenir de ce pays tel qu'il sera quand vous le recevrez. Préservez la terre pour tous les enfants et aimez-la comme Dieu nous aime tous.

«De même que nous, vous faites aussi partie de ce pays. Cette terre nous est précieuse.

«Nous savons une chose : il y a un seul Dieu. Nul homme, que ce soit un Homme Rouge ou un Homme Blanc, ne peut être à part.

«Nous sommes frères après tout.»

UN TOURNANT

Nous vivons une époque cruciale de l'histoire du monde. En tant qu'êtres humains, nous avons naturellement tendance à l'exploration et à l'aventure, à toujours aller vers l'extérieur jusqu'aux extrêmes limites de l'inconnu. J'y vois une expression du principe masculin dans l'univers — un mouvement agressif du centre connu vers l'extérieur pour découvrir et conquérir de nouveaux territoires, physiques et mentaux.

Cette impulsion à explorer et à créer nous a permis de découvrir de nouveaux mondes. Nous avons créé une technologie si miraculeuse qu'elle nous hausse à la sphère des dieux. Nous avons libéré une puissance extraordinaire.

Tout cela était nécessaire et important. A mon sens, nous avions la mission de développer au maximum le principe masculin d'action et d'individualisation, de le rendre assez puissant pour égaler et équilibrer le principe féminin d'être et de fusion. Dans ce but, nous avons dû faire l'expérience de la polarité qui va totalement à l'opposé de notre sens de l'unité. Il nous a fallu éprouver la séparation et la solitude, trouver notre propre voie afin de développer notre propre puissance. Il nous a fallu aller jusqu'au bout de ce processus, loin de l'état d'équilibre.

En nous éloignant à ce point de notre centre, nous avons presque totalement perdu le contact avec lui, avec notre origine spirituelle et notre source. Accaparés par notre tâche masculine, nous avons perdu le contact avec la puissance du principe féminin. Notre monde tournait autour des objectifs et des priorités de nos énergies masculines, sans réaliser l'équilibre avec les priorités féminines.

Pour moi, il ne s'agit pas d'un mal ni d'une erreur gigantesque, mais plutôt une étape nécessaire de notre évolution. D'un point de vue métaphysique, il devait en être ainsi.

Toutefois, à présent, nous arrivons à un tournant. Si nous continuons à avancer dans cette direction, nous irons trop loin dans le déséquilibre. Le système universel devra se réajuster lui-même et cela se passera au moyen de notre autodestruction et peut-être de la destruction de toute notre planète.

Selon moi, le balancier a entamé un mouvement dans l'autre sens. La puissance du principe féminin incarné dans la Terre elle-même monte à nouveau. La déesse exige et exigera notre respect et notre soutien. Nous ne devons pas pour autant mettre les énergies et les valeurs féminines au-dessus des masculines. Il est temps qu'elles arrivent à l'égalité et à l'équilibre dans le monde physique. Nous avons tous besoin d'honorer la puissance des aspects féminins et masculins en nous et dans le monde qui nous entoure.

Nous pouvons le faire en apprenant à percevoir la puissance féminine intuitive en nous et à lui accorder notre confiance en lui apportant le soutien de notre puissance masculine d'action dans le monde physique. En écoutant notre intuition et en réglant nos actions sur elle, à chaque instant de notre vie quotidienne, nous intégrons et alignons les aspects féminin et masculin de notre nature. Grâce aux personnes toujours plus nombreuses qui vivront ainsi, nous rétablirons l'équilibre dans le monde.

De plus en plus de gens commencent à se tourner vers l'intérieur en quête de ce que nous avons perdu en nous focalisant sur le progrès extérieur. Certains étudient les enseignements et les pratiques anciennes pour redécouvrir les outils spirituels dont nous avons besoin aujourd'hui. D'autres se plongent dans la science moderne de la psychologie afin d'apprendre à vivre de manière saine et naturelle. Beaucoup prennent conscience des problèmes extrêmement graves que nous créons dans notre environnement et s'impliquent pour leur trouver des solutions pratiques.

Pourtant, la conscience de masse continue à aller avec toute la force acquise dans la vieille direction. Chacun de nous fait partie de cette conscience de masse. Toute personne éveillée et consciente doit maintenant prendre un engagement ferme en faveur de notre propre guérison, physique, émotionnelle, mentale et spirituelle, et de celle de la planète.

REGARDONS NOTRE CÔTÉ OMBRE

L'une des choses les plus importantes pour notre guérison et celle de la Terre est d'accepter de regarder notre «côté ombre» — les sentiments et parties de nous-mêmes qui ont été rejetées, réprimées ou reniées. Notre société nourrit des interdits considérables à l'égard d'une sensibilité trop développée. Nous craignons de ressentir trop de peur, de chagrin, de tristesse ou de colère et, bien souvent, nous craignons tout autant d'éprouver trop d'amour, de passion ou de joie ! Et nous avons indiscutablement peur de notre sensualité et de notre sexualité naturelles.

Enfants, nous apprenons à rejeter et réprimer ces sentiments et parties inacceptables de nous-mêmes. On nous encourage pour la plupart à réprimer nos sentiments de faiblesse et à devenir forts et puissants, ou bien à réprimer notre puissance et notre agressivité pour devenir doux et vulnérables. Nous pouvons aussi réprimer et notre faiblesse et notre force (ainsi, bien sûr, que notre sexualité) et devenir gentils, sans histoires et ni trop ni trop peu. Dans tous les cas, nous perdons non seulement des parties essentielles de notre personnalité, mais encore une énorme quantité de notre force vitale.

Les sentiments et parties de nous-mêmes que nous avons réprimés ne disparaissent pas du simple fait que nous n'en avons pas voulu. Ils sont nécessaires, nous en avons en fait besoin pour survivre. Si nous n'autorisons pas leur expression naturelle, ils deviennent souterrains et fermentent en nous, faisant monter la pression, jusqu'à nécessiter finalement une libération. Si nous ne trouvons pas comment les exprimer, ils se mettent à «fuir» par des moyens détournés ou à nous pousser dans des situations qui leur donnera une chance de venir à la surface. Par exemple, si vous avez réprimé votre puissance, la colère montera en vous et, si vous ne trouvez pas un moyen de l'exprimer de manière directe et constructive, elle suintera dans une hostilité indirecte, voilée, à moins qu'elle n'explose dans un accès de rage ou de violence. Elle peut aussi vous orienter vers des gens coléreux, avec l'intention inconsciente de provoquer votre propre colère.

Si ces tentatives d'expression échouent ou sont bloquées, les sentiments réprimés rendront en dernier ressort votre corps malade. A mon avis, la plupart des maladies ont pour cause des énergies réprimées ou reniées en nous.

A tous les niveaux — physique, émotionnel, mental et spirituel — la guérison personnelle se produit quand nous rentrons en contact avec nos énergies reniées. Dès que nous les acceptons comme parties vitales de nous-mêmes, nous commençons à trouver des modes d'expression sans problème et constructifs. Nous nous apercevons que ces parties de nous-mêmes ne sont pas aussi effrayantes que nous le pensions. En fait, exprimées et intégrées, elles prennent leur place de facettes importantes de notre nature. En intégrant tous nos aspects, nous devenons complets.

Tout dans l'univers, y compris chaque partie de nous-mêmes, a besoin d'amour et d'acceptation. Tout ce que nous n'acceptons pas dans la vie nous créera des ennuis jusqu'à ce que nous fassions la paix avec. Ensuite il n'y a plus de problème.

Voici une image qui me semble utile pour illustrer ce point. Supposez que vous viviez dans une vaste demeure, dont vous n'occupez que quelques pièces. Ces pièces sont claires, propres, bien meublées et décorées. Vous y menez une existence assez agréable. Toutefois, vous n'entrez jamais dans aucune des autres pièces car on vous a dit qu'il s'y trouvait des choses effrayantes. Vous en gardez toutes les portes fermées à clé et vous vous inquiétez beaucoup de ce qui pourrait s'échapper de cette partie sombre de la maison et parvenir jusqu'à celle où vous vous sentez en sécurité. La nuit, vous croyez entendre toutes sortes de bruits. Vous dépensez une grande partie de votre énergie vitale à vous faire du souci et à vous protéger.

Finalement, las de vivre ainsi, vous décidez de prendre la situation en main en examinant certaines pièces. Vous demandez éventuellement à un ami de confiance de vous accompagner pour vous rassurer. Muni d'une grosse et puissante lampe-torche, vous vous aventurez dans la première des pièces inconnues. Vous y découvrez des meubles démodés sans intérêt, des toiles d'araignées et quelques beaux objets anciens. Une fois que vous avez nettoyé, donné ce dont vous n'avez pas l'utilité et mis en valeur les trésors que vous avez découverts en aménageant les lieux, vous ajoutez une jolie pièce, unique dans son genre, à votre logement. Lorsque vous y serez prêt, vous pourrez vous rendre dans la pièce suivante. En fin de compte, vous vivrez dans une demeure aussi grande que belle et lumineuse. Ne devant plus passer du temps à vous protéger de l'obscurité inconnue, vous pourrez orienter votre énergie sur des choses plus créatives.

Pour devenir «illuminés», nous devons faire briller la lumière de la conscience dans tous les endroits sombres que nous n'avons pas encore explorés. Cela est vrai au niveau planétaire comme au niveau personnel. De même que nous avons réprimé des aspects de nous-mêmes à titre individuel, la concience de masse a renié une grande partie de son énergie. Nous avons donc une grande ombre collective à explorer.

Dans la société moderne, la partie réprimée correspond essentiellement aux énergies reliées à la Terre — nos moi primaires. Nous nous sommes trop souvent identifiés aux principes masculins rationnels, actifs, orientés vers le travail et l'ordre, reniant les aspects émotionnels, intuitifs et sensuels, plus féminins. J'attribue à ce fait le raz-de-marée épidémique de la drogue — les drogues libèrent ces énergies reniées. Ces énergies doivent s'exprimer d'une manière ou d'une autre pour notre survie. Notre problème de drogue se résoudra lorsque la société trouvera pour nous tous, et en particulier pour les jeunes, comment aider de façon naturelle et constructive à l'expression des énergies qui ont été réprimées, telles que l'intuition, la création artistique, la sexualité, le jeu et le fait d'«être» simplement.

Il nous est aussi difficile actuellement de gérer notre énergie agressive naturelle. Par le passé, les sociétés canalisaient cette énergie en impliquant beaucoup d'hommes dans la guerre. Aujourd'hui, cela devient de plus en plus dangereux et inacceptable. L'agression est mal vue dans la société civilisée, excepté selon quelques modes admis, dans le sport et les affaires. De ce fait, nos dirigeants jouent avec frustration avec leurs systèmes d'armement, n'osant pas s'en servir, mais ne voulant pas y renoncer non plus et, dans nos villes, nous connaissons des explosions de violence de plus en plus importantes. Nous devons trouver pour nous tous, hommes et femmes, des moyens constructifs de canaliser créativement notre énergie naturelle agressive.

Beaucoup de gens, en particulier dans les mouvements spirituels et nouvel âge, pensent que nous pouvons apporter paix et lumière au monde en focalisant notre esprit sur la lumière, en essayant de vivre l'amour inconditionnel, en visualisant la paix, etc. Il y a là une erreur fondamentale. En nous appliquant à focaliser seulement sur les choses que nous jugeons «positives» et en ignorant ou réprimant le reste, nous nous bornons à perpétuer la polarisation des forces de la lumière et de l'ombre. Comble d'ironie, cela accroît la distorsion et le pouvoir des énergies mêmes auxquelles nous essayons d'échapper.

Nous devons reconnaître profondément qu'il n'y a pas de fossé entre le «spirituel» et le «non spirituel», le bien et le mal. Tous les aspects de la vie sont des éléments de la force vitale et des facettes du divin. La vraie guérison vient de la reconnaissance et de l'acceptation de toutes les énergies de la vie en nous.

En dernier ressort, la guérison collective de notre planète ne peut se produire que par notre engagement personnel à tous en tant qu'individus dans l'exploration du côté ombre dans notre propre vie.

TRANSFORMER LE MONDE

Si chaque personne consciente prend un engagement ferme envers sa guérison personnelle et celle de la planète, je crois que nous pourrons rendre notre monde sain, équilibré et beau. En fait, le processus est déjà enclenché. De plus en plus de gens prenant cet engagement, d'autres sont incités à en faire de même.

Le monde physique étant une création et un reflet de notre conscience, lorsque nous modifions notre conscience, le monde physique qui nous entoure se modifie pour refléter ce changement. Quand notre conscience individuelle change, notre vie personnelle en est transformée. Chacun de nous appartenant à la conscience de masse, un changement infléchit automatiquement un peu cette conscience de masse.

Lorsqu'un individu commence à prendre la responsabilité de sa relation avec la Terre, la conscience de masse en est affectée et chacun devient un petit peu plus conscient.

En quoi consiste cet engagement ferme envers nous-mêmes et la Terre ? Six étapes me semblent nécessaires et importantes, que vous pouvez effectuer une par une dans l'ordre indiqué ou dans celui qui vous convient. Le plus probable est que vous ressentirez le besoin de travailler sur plusieurs ou toutes ensemble. La plupart d'entre vous s'apercevront qu'ils travaillent déjà sur certains ou sur la totalité de ces points. Ayez confiance en vous pour savoir ce qui est juste et approprié pour vous. Chaque personne a son propre chemin, différent de celui de tous les autres et vous seul pouvez trouver le vôtre. Mes suggestions sont là pour éclairer et fournir des lignes directrices à ceux qui le désirent.

Etapes pour créer la transformation

1) Pour chacun d'entre nous, la première étape consiste, me semble-t-il, à contacter notre propre sens intérieur de la vérité. Nous avons tous une direction intérieure très sûre qui émane de nos moi supérieurs. Ce n'est pas aussi mystique qu'on pourrait le penser, mais au contraire très concret et sûr. Il s'agit de votre sens des choses le plus profond, de votre sentiment fondamental de ce qui est vrai à un moment donné. Bien qu'il vous faille un peu de pratique pour distinguer votre intuition d'autres sentiments et peurs en vous, je me suis rendu compte que la plupart des gens y arrivent assez facilement. Pour vous exercer spécifiquement, reportez-vous à l'exercice «Connectez votre direction intérieure» dans la quatrième partie de ce livre. Pour plus d'informations, je vous renvoie à mon livre *Vivez dans la lumière*, qui donne des indications claires pour développer votre capacité à contacter et suivre votre direction intuitive.

Chez de nombreuses personnes, la découverte qu'elles possèdent un sentiment puissant de la vérité intérieure va de pair avec la conscience qu'il y a une puissance supérieure dans l'univers, une sagesse directrice dont nous faisons tous partie et à laquelle nous sommes tous reliés. Dès nos premières expériences de cette puissance supérieure (que nous pouvons appeler Dieu, esprit, source, l'univers ou de tout autre nom qui nous convient), nous pouvons commencer à nous reposer sur elle et à lui abandonner nos vies chaque jour davantage; et plus nous le faisons, plus nous nous apercevons que c'est la manière de vivre la plus efficace et la plus satisfaisante.

Je tiens à souligner qu'il n'est pas nécessaire de croire en Dieu ou en une puissance supérieure pour entamer ce processus. Moi-même je n'y croyais pas au début. Le fait de commencer à pratiquer l'écoute et à suivre votre vérité intérieure fera naturellement évoluer votre système de croyance comme il convient pour vous.

2) Commencez à imaginer ce que vous désirez réellement dans la vie, individuellement et à l'échelon planétaire. La plupart des gens passent inconsciemment beaucoup de temps à imaginer ce qu'ils ont peur de voir arriver ou ce qu'ils ne désirent pas. Le fait de visualiser et d'imaginer ce que vous désirez vous aide à contacter ce que vous désirez réellement dans la vie. Cela libère l'énergie créatrice en vous et la dirige où vous désirez vraiment qu'elle aille. Cela permet à la puissance supérieure universelle de vous aider à recevoir tous les dons de la vie. Pour pratiquer, essayez l'exercice appelé «Représentation du Jardin» dans la quatrième partie de ce livre. Pour plus d'informations sur ce processus, je vous renvoie à mon livre *Techniques de visualisation créatrice.*

Une fois que vous avez appris à visualiser ce que vous désirez, exercez-vous à confier à votre moi supérieur ou à la puissance supérieure de l'univers la mission de vous guider pour le créer. N'essayez pas de vous représenter intellectuellement comment le réaliser. Continuez à suivre votre intuition, d'instant en instant, et le processus se déploiera comme il convient.

3) La troisième et très importante étape consiste à prendre l'engagement de faire tout ce qu'il faut pour votre guérison personnelle physique, émotionnelle, mentale et spirituelle. Nombreux sont les gens qui tentent de sauter cette étape car elle est de loin la plus difficile. Pourtant, sans elle, tous les autres efforts se révèlent en fin de compte vains.

Le monde ne peut être qu'aussi sain au niveau mental et physique que tous les individus qui l'habitent. Si nous voulons vivre dans un environnement équilibré, nous devons trouver et soigner ce qui est déséquilibré en nous.

La guérison personnelle commence par une conscience de soi honnête. Repérez les schémas bloqués qui empêchent votre énergie vitale de circuler aussi librement que vous aimeriez. Des problèmes émotionnels douloureux reviennent-ils souvent dans vos relations ? Avez-vous des dépendances par rapport à la nourriture, l'alcool, la drogue ? Vous débattez-vous dans des difficultés financières ? Souffrez-vous de maux physiques chroniques ? Travaillez-vous trop et-ou demandez-vous trop de vous-même ? Tenez-vous toujours compte des besoins des autres en ignorant les vôtres ? Manquez-vous de confiance en vous et de capacité à vous exprimer dans le monde ? Réprimez-vous vos sentiments «négatifs» pour ne voir que les «positifs» ? Tout cela constitue des indications d'une souffrance émotionnelle sous-jacente qui peut être guérie.

Une fois que vous êtes honnête par rapport à vos problèmes, demandez-vous quel genre d'aide vous est nécessaire pour devenir plus conscient et commencer à modifier ces schémas. Dans le processus de guérison, nous avons pour la plupart besoin d'énormément d'aide, alors que notre société nous a appris à croire que nous devrions tout faire par nous-mêmes et que demander de l'aide est un signe de faiblesse. L'opposé est vrai : il vous faut beaucoup de force et de courage pour vous regarder en face et accepter de bénéficier du regard des autres sur vous et du reflet qu'ils vous renvoient.

Voyez quelles solutions s'offrent à vous. Envisagez une thérapie individuelle ou de groupe et-ou une thérapie corporelle. Cherchez de l'aide par rapport aux problèmes émotionnels et physiques spécifiques qui vous perturbent. Rappelez-vous que le but de la guérison de soi n'est pas de vous transformer en une personne «meilleure», mais de vous apprendre à vous aimer et à exprimer davantage qui vous êtes déjà.

Suivez vos sentiments intuitifs les plus profonds concernant ce dont vous avez besoin. Autorisez-vous à explorer; si quelque chose ne vous semble pas tout à fait approprié, essayez autre chose jusqu'à ce que vous trouviez ce qui vous réussit. Le plus important est l'engagement authentique par rapport à vous-même, la volonté de faire tout ce qu'il faut pour devenir une personne consciente qui s'aime et a par conséquent quelque chose à partager avec les autres et le monde. Ce genre d'engagement est très puissant et il finira par vous conduire là où vous voulez arriver (en général par une voie autre que celle prévue !)

Rappelez-vous qu'une guérison profonde ne se produit pas du jour au lendemain. Il s'agit d'un processus qui s'étale souvent sur des années. S'il vous semble lent, rappelez-vous que nous ne transformons pas seulement nos propres problèmes, mais des schémas que la race humaine suit depuis des siècles ! Le processus de la guérison devient alors très passionnant et satisfaisant en lui-même

4) La quatrième étape constitue en un examen de vos habitudes quotidiennes en matière d'alimentation et de mode de vie. Voyez si elles correspondent à vos besoins réels et à ce que vous connaissez des besoins de la Terre. Soyez indulgents et compatissants envers vous-même dans ce processus ! Nous avons pour la plupart beaucoup d'habitudes qui ne servent pas particulièrement notre intérêt supérieur ni celui des autres. Elles ont en général de profonds motifs émotionnels et, là encore, nous ne changerons pas du jour au lendemain.

Souvent, nous ne savons pas vraiment ce qui serait bon pour nous. Commencez donc simplement par devenir conscient et vous éduquer. Par exemple, si vous vous nourrissez beaucoup de conserves et d'aliments préemballés, tentez l'expérience de manger des céréales, des fruits et des légumes plus naturels, ainsi que de recycler les boîtes et emballages que vous utilisez. S'il n'existe pas de programme de recyclage là où vous habitez, essayez d'en mettre un sur pied.

5) Etudiez votre communauté et votre environnement et familiarisez-vous avec certains problèmes d'environnement dans votre région. Ne vous occupez pas de tout à la fois et n'essayez pas de résoudre tous les problèmes du monde. Vous vous sentirez dépassé et vous ne réussirez qu'à tout abandonner. Renseignez-vous sur les problèmes les plus urgents de votre communauté ou région. Retenez un problème ou une cause qui vous paraît importante ou digne d'intérêt et voyez si vous pouvez agir. Dites à vos amis et-ou à votre famille ce que vous faites et invitez-les à se joindre à vous s'ils le désirent, mais sans les forcer.

Si vous êtes sociable et si vous vous y sentez poussé, réunissez-vous avec des amis pour étudier des livres intéressants, regarder des émissions de télévision ou des vidéos et débattre de problèmes préoccupants ou importants. Ces réunions peuvent porter sur des sujets personnels ou spirituels, des problèmes politiques ou écologiques ou tout autre point qui vous intéresse.

Ecrivez des lettres aux journaux et revues, ainsi qu'à vos dirigeants et députés, pour exprimer vos opinions sur les problèmes écologiques et politiques.

6) En suivant ces étapes, veillez à ne rien faire à cause d'un sentiment de culpabilité ou par devoir. Nos vies sont déjà assez tristes du fait de toutes les choses que nous faisons ou contre lesquelles nous nous révoltons, parce que nous nous croyons un devoir envers elles.

Demandez-vous plutôt ce que vous désirez vraiment faire. Qu'est-ce qui vous motive ? Faites ce qui vous semble juste et vous satisfait.

Le plus important de tout est d'aimer passionnément votre vie, de la trouver intéressante et plaisante. Comment pouvons-nous créer un monde de plénitude et de joie si chacun de nous ne commence pas par vivre lui-même ainsi à chaque instant ?

Deuxième partie

MON VOYAGE

MA NAISSANCE

Je suis née dans le New Jersey, connu comme l'Etat Jardin. Je fus le premier bébé que l'obstétricien de ma mère fit venir au monde de manière naturelle. A cette époque, les femmes américaines éduquées des villes ne connaissaient pas l'accouchement naturel, on les anesthésiait totalement et les bébés naissaient également sous médicaments.

En pionnière et libre-penseur, ma mère décida d'être réveillée pour faire l'expérience de la naissance de son enfant. Elle avait lu un livre expliquant que l'on pouvait vivre le travail comme quelque chose d'intense, mais pas nécessairement douloureux, si on n'y opposait pas de résistance.

Une naissance naturelle était alors un événement si rare que beaucoup de médecins et d'infirmières de l'hôpital vinrent y assister. Je naquis donc au milieu d'une foule de spectateurs fascinés, mon entrée dans la vie annonçant comment j'allais la vivre : en montrant une manière «nouvelle» qui ne l'est en réalité pas du tout, mais correspond à un réveil de quelque chose de simple, ancien et complètement naturel.

Cette histoire comporte une ombre qui se projette sur ma vie. Une personne absente à ma naissance était mon père. Le règlement de l'hôpital interdisait la salle de travail aux pères. Par conséquent, tandis qu'un groupe d'étrangers m'entourait, mon père dut rester dans la salle d'attente. Nous ne reçûmes, ni ma mère mi moi, le soutien de la personne dont nous avions le plus besoin.

Je suis née le 30 septembre 1948, à vingt et une heures.

L'accouchement se déroula sans problème. J'arrivai pimpante et bruyante, avec apparemment déjà beaucoup de choses à dire.

MA MÈRE ET MON PÈRE

Venant de Pologne, mon grand-père arriva en Amérique en bateau à l'âge de seize ans. C'était un homme brillant, mais sans éducation, la brebis galeuse de sa famille, un rebelle au sein de l'Eglise catholique dans laquelle il avait été élevé. Comme la plupart des immigrants, il vint faire fortune au pays des possibilités, mais ne devint que mineur dans une petite ville de Pennsylvanie. Il épousa à vingt et un ans une belle Polonaise déterminée qui n'en avait que quatorze. Elle était l'aînée de onze enfants et avait hâte de quitter sa famille. Elle avait quinze ans à la naissance de mon père et eut par la suite deux autres fils. Mon grand-père rêvait pour ses fils de l'éducation qu'il n'avait pas eue et ceux-ci réussirent au-delà de tout espoir. Mon père eut un doctorat d'ingénieur du Massachusetts Institute of Technology et ses frères eurent aussi des doctorats. Mon grand-père fut tué dans une mine de charbon peu après ma naissance.

Du côté de ma mère, ma famille vint d'Angleterre lors du deuxième voyage du Mayflower. C'était des quakers qui aspiraient à pratiquer leur religion en paix. Je descends du frère de Benjamin Franklin; Ben était mon grand-grand-grand-grand-grand-grand oncle !

Les quakers croyaient en une vie simple consacrée à Dieu et au service d'autrui. Ce sont des pacifistes qui ne s'enrôlent dans aucune guerre. Ne croyant pas à l'esclavage, ils ont aidé de nombreux esclaves à se libérer avant et pendant la guerre de Sécession. Dans la religion des Amis, il n'y a pas de prêtre servant d'intermédiaire entre Dieu et l'homme. Ils croient et pratiquent la vérité selon laquelle l'esprit de Dieu vit dans toutes les créatures. Pour le culte, la communauté se réunit le dimanche matin et chacun attend, assis en méditation silencieuse, que l'esprit inspire quelqu'un à parler.

L'esprit quaker a profondément influencé ma vie et mon travail, bien qu'il m'ait fallu des années pour m'en rendre compte. Parfois, lorsque je suis assise avec un groupe de gens durant mes séminaires ou mes retraites, je ressens presque la présence de mes ancêtres quakers autour de moi; j'ai conscience de perpétuer la tradition de reconnaître Dieu en chaque personne et de créer le contexte adéquat pour que cet esprit divin se manifeste. Je dois à ma famille maternelle une profonde imprégnation de valeurs fondamentales et une attirance pour un mode de vie simple, naturel, ainsi qu'un désir et même un sentiment d'obligation de servir l'humanité.

Ma grand-mère fit partie de la dernière génération qui pratiqua activement la religion quaker. Elle épousa un homme qui n'était pas quaker et déménagea au Texas où ma mère et son frère naquirent et grandirent dans un environnement typique des petites villes du Sud. Mes grands-parents ne furent pas heureux ensemble et, d'après les dires de ma mère, ils passaient souvent plusieurs journées d'affilée pratiquement sans s'adresser la parole. Les souffrances et les rancunes refoulées créaient une tension dans la maison. Au plus fort de la Grande Dépression, ma mère avait alors treize ans, son père, qui désespérait manifestement de pouvoir entretenir sa famille, l'abandonna et disparut purement et simplement. Ma grand-mère travailla, reçut une aide financière de certains parents, mais toutefois, comme beaucoup de gens de l'époque, ils ne mangèrent pas toujours à leur faim.

Ma mère fut une enfant très intelligente et agressive et sa mère, qui était douce, se trouvait toujours désemparée devant cette fille indisciplinée. Elle la souhaitait délicate et féminine et ma mère ne correspondait pas à ses voeux. En outre, ma mère était psychique et sensitive et elle prit sur elle et manifesta la colère et la souffrance souterraines de la famille. Elle joua le rôle du bouc émissaire et du rebelle familial.

A la fin de ses études secondaires, elle entra à l'université. Elle avait seize ans et quittait avec soulagement les difficultés familiales et les limitations de son environnement social. Aventureuse et désirant prendre des risques, elle partit explorer le monde.

Mon arrière-arrière-grand-mère avait été une suffragette et appartenait à une lignée de femmes de pouvoir et d'expression qui refusait le rôle féminin traditionnel. Ma grand-mère constituait une exception dans cet héritage familial, mais deux de ses soeurs perpétuaient cette énergie, ainsi que ma mère. Elle s'estimait forte et capable de faire tout ce qu'elle désirait. Et effectivement, elle devint l'une des premières femmes urbanistes du monde. Elle eut vingt-cinq ans de carrière réussie dans ce domaine et vécut en permanence du côté des meneurs.

Mon père et ma mère se rencontrèrent à Boston pendant la guerre. Il terminait son doctorat et elle travaillait comme dessinatrice dans un laboratoire de radars. C'était un homme brillant et beau, un pianiste classique de talent, passionné de philosophie et de science, très érudit. C'était une femme belle et sensuelle, élégante et puissante.

J'ai vu récemment un vieux film qui les montrait en pique-nique avec des amis dans un parc au début de leur relation. Ils étaient si jeunes et beaux, si heureux et amoureux que j'en ai pleuré. Je me réjouis d'avoir cette image d'eux dans mon coeur, car tout n'alla pas toujours aussi bien pour eux. Leur relation fut difficile dès le début et ils ne se décidèrent à se marier qu'après beaucoup d'ambivalence et de réflexion. Leur union ne dura que quatre ans et peut-être n'eut-elle pas d'autre but que de me créer.

Mon père était resté le fils dévoué d'une mère volontaire. Ma mère, très volontaire elle-même, ne le supportait pas et était frustrée par son attitude un peu timide face à la vie. Il était indécis et incapable de tenir fermement une position. Quant à elle, elle avait à dépasser sa rage et son chagrin d'avoir été abandonnée par son père et mal aimée, et elle reportait une grande part de ces sentiments sur mon père. Il n'y a pas très longtemps, ils m'ont tous les deux conté leur version de la relation. Je constate avec beaucoup de tristesse à quel point cette relation a constitué pour l'un comme pour l'autre un miroir frustrant et douloureux.

Je crois qu'ils m'ont tous les deux désirée et qu'ils ont misé sur la naissance d'un enfant pour résoudre certains de leurs problèmes.

Ils se montrèrent dévoués et aimants pour leur bébé. Nourrisson, j'eus une colique grave et hurlai, semble-t-il, longtemps à pleins poumons. Ce fut sûrement très éprouvant, en particulier pour ma mère qui était à la maison avec moi pendant que mon père travaillait. Je pense que j'ai eu ce problème parce que je ressentais la souffrance émotionnelle de mes parents. (J'ai toujours cette réaction physique lorsque je me trouve dans une situation où des gens bloquent des sentiments de souffrance non résolue.)

Mon père m'a dit récemment n'avoir jamais eu de décision plus difficile à prendre que de me quitter et de se séparer de ma mère. Il me l'avoua en pleurant et je fis de même.

Il lui fallut rompre un lien profond avec moi afin de se sentir libre de quitter une situation qu'il jugeait intolérable. Bien que n'ayant pas vraiment de souvenir de ce fait à cette époque, je crois que la rupture de ce lien avec mon père, et le sentiment d'abandon émotionnel qui en découla, constitua l'expérience la plus perturbatrice de ma vie.

MON ENFANCE

Ma mère et mon père se séparèrent alors que j'avais un an et demi. Durant près d'une année, ils vécurent à proximité l'un de l'autre et je pus continuer à voir régulièrement mon père. Ensuite ils décidèrent de divorcer. Ma mère résolut de se rendre à Saint Thomas dans les îles Vierges; le fait d'y passer six semaines permettait d'obtenir facilement le divorce. En même temps, elle voyait là une occasion de prendre des vacances et de soigner certaines blessures émotionnelles. C'est ainsi que nous partîmes, elle et moi, pour les îles Vierges.

Je ne revis pas mon père de longtemps. Selon ma mère, cette séparation ne me causa pas de perturbation émotionnelle apparente. Peut-être affrontai-je déjà, à deux ans et demi, les sentiments douloureux en me montrant forte.

A cette époque, Saint Thomas était un véritable paradis tropical très peu développé. J'y ai mes premiers souvenirs. Je me rappelle avoir joué dans le sable au bord de la mer bleue. Je me rappelle une très grosse femme noire nommée Seena qui me gardait et que j'adorais. Et surtout, je me rappelle la musique et la danse calypso, débordant d'énergie primale. J'appris à danser sur cette musique.

Je commençai à parler tôt, vers neuf mois. A Saint Thomas, je ne tardai pas à prendre l'accent «calypso» des indigènes et me mis à parler comme eux. J'appris certaines chansons populaires calypso que j'aime encore chanter aujourd'hui. Les merveilleux

Noirs de cette île me marquèrent en fin de compte profondément par leur musique, leur danse et leur manière de parler, ce dont je leur suis très reconnaissante.

J'ai toujours été une «insulaire». J'aime les îles et ne me sens jamais aussi bien que sur l'une d'elles. J'ai trouvé sur telle ou telle île particulière presque tout ce qu'il y a eu de merveilleux dans ma vie.

Ma mère avait uniquement eu l'intention de passer à Saint Thomas les six semaines nécessaires au divorce. Toutefois, elle tomba sous le charme du lieu au point que nous y restâmes finalement une année entière. Non seulement elle profitait de la beauté naturelle curative de l'île, mais elle passait aussi de bons moments. La vie n'étant pas chère là-bas, nous habitions une belle maison et Seena l'aidait à s'occuper de moi. Nous allions tous les jours à la plage, le soir elle sortait danser et elle rencontra beaucoup de gens intéressants. C'était durant la guerre de Corée et Saint Thomas était une base militaire importante. Des dizaines de bateaux y faisaient escale et il y passait de nombreux soldats de la Navy, Marine et Air Force. Tous étaient friands de la compagnie d'une femme séduisante et les rendez-vous galants de ma mère ne se comptaient plus. Il pouvait y en avoir jusqu'à quatre par jour : un pour le déjeuner, un pour aller à la plage, un pour le dîner et un pour danser la nuit. C'est exactement ce que le médecin prescrivit après le chagrin du divorce, j'en suis sûre. La plupart de ces hommes s'ennuyaient de leurs femmes et de leurs enfants et étaient ravis de rencontrer une petite fille de trois ans. Je fus de ce fait aussi l'objet de beaucoup d'attentions.

Ma mère me raconte l'histoire suivante. Pendant un certain temps, nous avons habité une petite villa sur le terrain d'un hôtel. J'attrapai la varicelle, mais sous une forme peu virulente et je ne me sentis pas très malade. Toutefois, ma mère m'isola des autres enfants à cause de la contagion. Un jour, je jouai auprès d'elle pendant qu'elle jardinait. Au bout de quelques minutes, elle s'aperçut que j'avais disparu. Elle se mit à ma recherche et finit par me trouver au bar de l'hôtel, perchée sur un tabouret et bavardant avec toute une rangée de marins qui m'achetaient des sodas, etc. Elle me ramena à la maison mais, quelques heures plus tard, j'avais à nouveau disparu. Elle sut tout de suite où aller et, cette fois, elle me trouva en train de divertir un groupe de Marines. Elle reçut par la suite une lettre d'un jeune officier avec qui elle était sortie ce soir-là et qui mentionnait une soudaine apparition de cas de varicelle sur son bateau.

Déménagements

Finalement, nous quittâmes Saint Thomas et j'eus du mal à m'accoutumer au fait que nous ne vivions plus sur une île. Je voulais continuer à aller tous les jours à la plage et je faisais couramment des remarques du style : «C'est le meilleur magasin de l'île», comme si chaque ville était sur une île.

Nous sommes allées vivre environ un an au Texas, où se trouvait la famille de ma mère (ma grand-mère, mon oncle et mes cousins). Puis nous nous sommes installées au Mexique, dans la ville de San Miguel de Allende. La vie étant bon marché au Mexique, ma mère avait prévu de vivre de la modeste pension alimentaire que mon père payait pour moi, sans travailler et en s'essayant à l'écriture. Nous avons pu louer pour pas grand-chose une agréable maison avec jardin et engager une cuisinière à plein temps du nom de Luz (c'est-à-dire «lumière»), ainsi qu'une bonne à temps partiel.

J'avais cinq ans quand maman m'inscrivit dans une classe de maternelle. Personne n'y parlait anglais, pas même l'institutrice. Il me fallut donc me mettre très vite à l'espagnol, ce que je fis. Je parvins rapidement à m'exprimer dans cette langue et ma mère me demandait souvent de traduire quand elle parlait à la bonne ou faisait des courses. J'appris même à plaisanter et à faire des jeux de mots en espagnol. La cuisinière arrivait chez nous à l'aube et je disais à ma mère : «Mama, esta la manana, la Luz esta aqui !» (Maman, c'est le matin et la lumière — et-ou : Luz la cuisinière — est là !)

Il y avait à San Miguel une université des beaux-arts qui attirait des étudiants américains et ma mère ne tarda pas à se faire une foule d'amis intellectuels et artistes. De nouveau, elle menait une vie plaisante dans un endroit exotique, mais elle n'écrivit pas beaucoup.

Nous étions au Mexique depuis seulement quelques mois quand elle attrapa une hépatite et fut très malade. Elle avait besoin de soins constants et comme il n'y avait personne pour les lui donner, elle nous fit reconduire en voiture par un ami au Texas, où nous passâmes quelques mois chez ma grand-mère, le temps qu'elle se remette. Ma famille connaissait très peu la maladie et ce fut pratiquement la seule fois où je vis ma mère malade. Je trouvai étrange qu'elle fût elle, d'ordinaire si forte, dans un tel état de faiblesse que je devais l'aider à se lever pour aller aux toilettes.

Lorsqu'elle fut rétablie, nous partîmes en Californie, où elle avait toujours rêvé de vivre. Il lui fallut travailler pour subvenir à nos besoins et elle commença sa carrière d'urbaniste. Nous avons d'abord vécu dans la baie de San Francisco. Ensuite elle devint Urbaniste de la ville de Tracy, puis Urbaniste Responsable de Comté, pour le comté de Santa Cruz et finalement, elle travailla pour le gouvernement de l'état à Sacramento. Nous avons déménagé tous les deux ou trois ans jusqu'à mon entrée dans le secondaire.

J'aimais ces déménagements périodiques. La carte de tarot qui correspond à ma date de naissance est la carte numéro sept — le Chariot — qui est en relation avec le principe du changement et du mouvement. C'est peut-être la raison pour laquelle notre vie bohème me convenait si bien. Je me rappelle avoir pensé, enfant : «Bon, nous sommes ici depuis deux ans, je suis prête à aller ailleurs.» Probablement en partie à cause de ces déménagements si fréquents et parce que je me sentais de toute façon un peu extérieure aux choses, j'avais souvent l'impression d'être différente des autres enfants. Le fait de partir constituait donc parfois pour moi un moyen d'échapper à une situation désagréable. Et j'étais toujours impatiente de voir du nouveau.

Il me semble aujourd'hui qu'une autre partie de moi-même aspirait probablement à plus de stabilité et de continuité, mais je n'étais pas du tout en contact avec elle à cette époque. En fait, je commence seulement à connaître et reconnaître cette partie de moi-même, car elle fut fortement réprimée par les conditions de vie de mon enfance.

J'ai l'impression que lorsque mon père nous a quittées, ma mère et moi avons passé un pacte émotionnel inconscient selon lequel nous serions fortes l'une pour l'autre et que nous prendrions soin l'une de l'autre. Ma mère subvint à mes besoins physiques et m'apprit à faire courageusement face au monde. Toutefois, je percevais son chagrin et son malheur sous-jacents et j'essayai de prendre soin d'elle au niveau émotionnel. Je me rappelle avoir très tôt renoncé à lui parler de mes problèmes s'ils risquaient d'ajouter à son accablement.

Ma mère ne me traita jamais beaucoup comme une enfant. J'étais plutôt sa compagne de voyage à travers les aventures de la vie. Elle me respecta en tant qu'individu et m'accorda une certaine égalité.

Je développai en conséquence un comportement mûr, adulte. Durant les premières années de ma vie, je passai plus de temps avec les amis de ma mère qu'avec d'autres enfants et je ne conçus jamais de sentiments de peur devant les adultes, ni même le sentiment d'être très différente d'eux. A la fin de mon enfance et à l'adolescence, cela me causa des difficultés dans la mesure où les adultes ne m'intimidaient pas du tout et où je ne respectai pas leur autorité du seul fait qu'ils étaient plus âgés que moi. Je rencontre encore parfois maintenant des difficultés face à tout type d'autorité autre que le respect naturel que j'accorde à quelqu'un chez qui je reconnais véritablement plus de savoir que moi par rapport à une situation donnée.

L'aspect positif de mon éducation réside dans le fait que j'ai développé force et confiance en ma capacité à entreprendre des actions avec succès dans le monde. J'y ai perdu de ne jamais me sentir enfant. Je portai une lourde responsabilité et la prenai très au sérieux. Je réprimai mes sentiments de vulnérabilité, ainsi qu'une grande partie du caractère joueur et léger de l'enfance.

Mon père

Durant les trois années où je vécus dans le New Jersey et en Californie, je ne vis mon père qu'une fois — à quatre ans, lorsqu'il vint au Texas. Ma mère ne m'avertit pas de sa visite, craignant de me décevoir s'il n'avait pas été au rendez-vous. Ainsi, quand il arriva à notre porte, je ne m'y attendais pas. Ma mère se demandait si je le reconnaîtrais puisque je ne l'avais pas vu depuis l'âge de deux ans. Je levai, me dit-on, immédiatement la tête vers lui en demandant : «Est-ce que c'est mon père ?» Tout se passa bien, mais je fus à nouveau séparée de lui pendant un an et demi. Il avait également déménagé en Californie, ce qui nous permit des contacts fréquents. A partir de cette époque, il vint régulièrement me voir et j'allai parfois chez lui. Il se montra toujours gentil et affectueux à mon égard, tout en gardant une certaine distance émotionnelle car il avait le sentiment d'avoir renoncé à son droit de parent en me quittant. J'ai toujours espéré davantage de lui, mais sans savoir exactement ce que je voulais et encore moins comment l'obtenir.

J'avais six ans quand il épousa Babs. Elle avait deux fils d'un mariage précédent, Bruce et Scott, qui devinrent mes beaux-frères. Ainsi, lorsque je rendais visite à mon père, j'avais toute une famille. J'aimais beaucoup ma belle-mère, je me sentais bien avec elle. J'ai toujours pu m'ouvrir à elle de ma vie, de mes idées et de mes préoccupations.

C'était assez exaltant d'avoir des beaux-frères, car je n'avais pas eu beaucoup de garçons dans mon entourage. C'était aussi un peu traumatisant à l'occasion. Il leur est arrivé de me taquiner jusqu'à ce que je pleure. Mais je me rappelle aussi des dîners pendant lesquels ils m'ont fait rire à m'étouffer et où nous avons tous été renvoyés dans notre chambre. Cela me changeait de ma vie plutôt calme avec ma mère. J'aimais mon «autre» famille, mais elle m'inspirait également de la peur. Une fois encore, je ne me sentais pas vraiment partie intégrante, je restais un peu extérieure.

Mon père enseignait la mécanique aéronautique en troisième cycle. C'est un authentique «professeur distrait». Je l'ai souvent vu s'abîmer dans de longs silences, le regard dans le vide, tout occupé à résoudre un problème mathématique abstrait. Ses étudiants l'aimaient et le respectaient. Il parle volontiers de philosophie ou de politique ou de tout autre sujet de cet ordre. Il n'éprouve pratiquement aucun intérêt pour les affaires matérielles et ne demanderait pas mieux que de s'en remettre à quelqu'un d'autre pour toutes les décisions ayant trait à la réalité physique. Il est fondamentalement un savant, peut-être même une nature mystique, quoique ce terme ne lui convienne probablement pas car il est absolument non religieux.

Ma mère, qui a éprouvé de profonds sentiments spirituels dans son enfance, a également rejeté tout type de croyances religieuses en devenant adulte. J'ai donc été élevée dans une atmosphère de rationalisme intellectuel et, durant mon enfance et mon adolescence, je me suis considérée comme tout à fait athée. Pour moi, Dieu était une idée fabriquée par les gens pour mieux supporter de ne pas vraiment comprendre l'origine, le sens et le but ultime de la vie. Je préférais admettre simplement que je ne possédais aucune réponse à ces questions. Il y a encore en moi une voix rationnelle très forte qui m'interdit d'accepter des idées ou des croyances si je n'ai pas de preuve de leur validité ou si elles ne sont pas en résonance profonde avec mon sens intérieur de la vérité.

Aujourd'hui, mes parents m'apparaissent tous les deux comme des êtres profondément mystiques qui, à l'époque, étaient coupés de toute exploration directe de la spiritualité. Depuis, ma mère s'est ouverte à la même démarche que moi. Mon père continue à explorer les mystères de l'univers essentiellement à travers la philosophie et la science.

Mes parents avaient tous les deux une orientation libérale en politique et on parlait souvent et avec ardeur de politique dans les deux foyers. J'avais une conscience sociale très développée, une compréhension globale de l'actualité politique et des opinions très affirmées dans ce domaine, qui se sont pratiquement maintenues d'un âge très précoce jusqu'à mes vingt ans.

Ma vie avec ma mère

Mon enfance s'écoula donc d'une manière pas très conventionnelle. Ma mère était une femme pratique et elle avait le sens des responsabilités, mais elle faisait parfois des choses inhabituelles et risquées qui donnait du piquant à la vie. Elle avait aussi un esprit incisif, aux idées bien arrêtées. Je partageais la plupart du temps ses opinions et n'arrivais d'ailleurs pas à l'en faire changer. Je ne me décourageais pas pour autant, ce qui nous valut des discussions très violentes lorsque je fus plus âgée.

Chaque fois qu'elle avait des vacances, nous voyagions. Nous traversions souvent le pays pour rendre visite à des parents ou des amis ou pour voir des curiosités. A huit ans, je fis un voyage magique. Nous allâmes à Hawaii sur un bateau de croisière, le Lurline. Nous sommes restés tout un mois là-bas. J'étais ravie de me retrouver sur une île tropicale et je passai des heures à m'amuser dans l'océan, jouant à la sirène. J'appris aussi à danser le hula que j'adorai.

Lorsque j'avais onze ans, nous allâmes pour trois semaines en Europe, dont quelques jours passionnants en Russie, ce qui ne se faisait pratiquement pas à cette époque de guerre froide. J'appréciai particulièrement l'Italie. Je conserve des souvenirs très précis d'une nuit de train pour passer des montagnes autrichiennes en Italie et, plus tard, d'un voyage en train dans les Alpes suisses qui correspondaient exactement à ce qui j'imaginais à travers le livre *Heidi.*

L'école

J'aimais l'école et je fus une élève brillante. J'apprenais avec facilité et ma famille et mes professeurs me complimentaient beaucoup. La plupart de mes enseignants m'appréciaient et me portaient une attention toute particulière. Mon enthousiasme et mon envie d'apprendre les stimulaient et les valorisaient probablement.

Certains adoptaient toutefois une attitude différente à mon

égard. Je me rappelle très bien une altercation avec mon professeur de troisième* sur la prononciation d'un mot. Le dictionnaire me donna raison, aussi déclara-t-elle qu'il se trompait.

Je fus en conflit toute l'année avec mon professeur de sixième* dont je ne m'expliquai pas l'hostilité. En huitième*, le professeur me mit à la porte d'un cours de mathématiques parce que j'avais violemment protesté. Lors d'un devoir écrit, il avait mal noté tous les élèves, alors que nous avions la bonne réponse à un problème et lui la mauvaise ! Il m'envoya chez le censeur à qui j'expliquai toute la situation. Elle regarda le problème et reconnut que j'avais raison. Puis elle me conseilla de ne pas m'entêter et s'arrangea pour que je puisse revenir au cours.

J'ai dû paraître parfois très odieuse mais, en ce qui me concernait, j'avais simplement le sentiment de défendre la vérité et la justice. Je me refusais à fermer les yeux sur ce qui se passait. Ma mère me conseilla d'apprendre à jouer un peu plus le jeu de la société pour éviter d'entrer trop souvent en conflit, mais c'était déjà trop tard, je crois. Je n'étais pas rebelle à proprement parler, mais je refusais de m'incliner devant l'autorité lorsqu'elle me semblait en tort, et j'étais prête à me battre pour défendre mon point de vue.

Mes amis et mes centres d'intérêt

Etant fille unique, de plus d'une mère qui travaillait, j'étais habituée à passer beaucoup de temps seule et à créer mes propres activités. Toute petite, j'avais une vie imaginaire intense, comprenant une amie nommée Glunar qui ne me quittait jamais. Selon le jeu du moment, elle pouvait tenir tous les rôles : amie, soeur ou fille. Je me souviens d'avoir désiré une soeur jumelle pour avoir une compagne qui m'aurait toujours comprise et aurait tout partagé avec moi. Parfois, j'aurais aimé avoir un frère plus âgé, probablement une sorte de substitut de père.

* NdE : la numérotation des classes aux Etats Unis est inversée par rapport au cycle français.

Je devais me sentir seule, même si je ne m'en rendais pas compte. A dix ans, une remarque d'une amie me blessa profondément et me marqua longtemps. Sa mère, me raconta-t-elle, trouvait que j'étais bien seule et que j'avais besoin de quelqu'un.

Contrairement à presque tous les gens de ma génération, je n'avais pas de télévision dans mon enfance. Je la regardais de temps en temps chez une amie, mais pratiquement tout le savoir télévisé qui faisait partie de la vie des enfants de mon âge m'échappait. Ma mère préférait ne pas avoir de télévision pour éviter que je ne prenne l'habitude de rester assise devant au lieu de développer mes propres centres d'intérêt. Je ne le regrette pas. Je n'ai d'ailleurs pas grand goût pour la télévision aujourd'hui et je ne me sens pas bien si je la regarde plus que quelques minutes. Elle m'engourdit l'esprit et le corps, ce que je n'apprécie pas.

Enfant, je dévorais les livres. Je les aimais passionnément et j'en avais toujours un ou davantage en cours de lecture. La bibliothèque était l'un de mes endroits favoris. J'y allais une à deux fois par semaine, y passais des heures et repartais avec plusieurs livres sur lesquels je me jetais voracement. Ma mère me faisait en principe la lecture avant que je ne me couche, selon un rituel auquel nous tenions toutes deux. Elle se laissait prendre par l'histoire et il m'était facile de la convaincre de continuer la lecture au-delà de l'heure fixée pour que j'aille au lit.

J'aimais aussi écrire, des poèmes, des histoires et, dès l'âge de neuf ans, des livres. Ils comportaient de nombreux chapitres, mais je n'en terminai aucun. La plupart parlaient d'une fille et de son ou ses chevaux. J'évoluai par la suite vers des thèmes plus romantiques avec des filles et des garçons. Je m'en souviens d'un, sur une adolescente naufragée sur une île déserte avec six jeunes hommes ! Je l'ai perdu et je le regrette car ce devait être une sacrée histoire !

Mes dernières histoires se teintèrent de magie ou de mysticisme, telle celle d'un jeune homme assez classique qui rencontrait régulièrement une jeune fille brune mystérieuse, qui apparaissait et disparaissait comme par magie dans son jardin.

En grandissant, mon désir de devenir un écrivain s'affirma et je visualisais un rayonnage de librairie consacré à mes livres. Je pensais naturellement que j'écrirais des oeuvres d'imagination, je ne me serais jamais doutée que je traiterais de thèmes métaphysiques.

Il est à noter que je cessai de lire et d'écrire une fois dans le secondaire et que j'oubliai complètement mon intention de devenir écrivain. Ce fut seulement après la publication de *Techniques de visualisation créatrice* que je me remémorai mon ambition première et me rendis compte que ma visualisation d'enfant s'était réalisée dans la forme.

Comme beaucoup d'enfants, je dessinais aussi. Durant l'époque cheval, je pris le coup pour dessiner des chevaux et j'aimais à les représenter en action, rendant la beauté de leurs corps et de leurs mouvements avec relativement peu de lignes.

Je me plaisais à imaginer que j'aurais douze enfants. Je me rappelle avoir dressé la liste des noms que j'allais leur donner. Puis je fis les plans d'une maison comportant treize chambres pour nous héberger tous. Ensuite, je dessinai une écurie avec des boxes pour chacun de nos chevaux (qui avaient tous reçus des noms aussi, bien évidemment).

J'aimais les animaux par-dessus tout et ils furent mes compagnons les plus chers. Le premier mot que je prononçai, bébé, fut le nom de notre épagneul cocker — Muff — et mon premier pas, je le fis vers elle. Durant toute mon enfance j'eus des oiseaux, des poissons, des tortues, etc. Le premier animal à caresser qui fut vraiment à moi était un cochon d'Inde, Spice, que j'adorais.

J'ai toujours eu envie d'un chien. Pour mon huitième anniversaire, mes parents m'offrirent un berger allemand de pure race nommé Prince Vaillant. Il devint rapidement un grand chien superbe et vigoureux. Prince apporta indubitablement une note d'énergie virile dans notre ménage féminin paisible. Il se sauvait toujours et donnait la chasse aux chiens plus petits du voisinage. Quand je le promenais, il m'entraînait en général où il voulait. Lorsqu'il agitait son grand panache, il balayait tout ce qui se trouvait sur la table du salon ! J'étais folle de lui et il fut le compagnon-protecteur-frère-ami dont j'avais besoin.

Hélas, lorsque nous partîmes à Santa Cruz, j'avais alors douze ans, nous n'avions plus de jardin pour lui. Je le donnai à une famille qui vivait dans un grand ranch où il pouvait courir sur des kilomètres. Probablement fut-il plus heureux là-bas, mais il me manqua. Pour essayer de le remplacer, mon père m'acheta une petite chatte siamoise que j'appelai Fa-ying, du nom de la princesse siamoise de l'un de mes livres. Fa-ying devint une amie très chère et resta auprès de moi jusqu'à mes vingt et un ans.

Bien sûr, j'avais toujours eu désespérément envie d'un cheval. Les chevaux arabes m'attiraient particulièrement et je rêvais d'en avoir un à moi. Non seulement ce que je lisais, écrivais et dessinais tournait autour des chevaux, mais je me comportais aussi la plupart du temps comme un cheval. Je ne marchais pas, ni ne sautais ni ne courais. J'allais au petit trot, au grand trot et galopais, en rejetant ma crinière en arrière et en hennissant, puis en m'arrêtant pour gratter le sol et en renâclant. Je n'ai jamais beaucoup joué à la poupée. Je possédais en revanche des chevaux miniatures que je considérais comme vivants — ils avaient chacun un nom et une personnalité. Je ne manquais pas une occasion de monter à cheval et me rendais chaque année au spectacle de chevaux arabes du Cow Palace de San Francisco. A ma grande déception, je n'eus jamais de cheval à moi.

Très jeune déjà, j'eus le sens des responsabilités. Je me revois à huit ans, me levant tôt le matin, faisant mon lit et allant réveiller ma mère, puis nourrissant et m'occupant soigneusement de mes oiseaux, mes poissons tropicaux, mon cochon d'Inde et mon chien avant de m'habiller pour partir en classe.

Malgré ma situation de fille unique et mes déménagements fréquents, je me faisais assez facilement des camarades et, dès que je fus à l'école, j'eus toujours dans le voisinage des enfants avec qui jouer. Je ne sais pourquoi mais, en quatrième, je devins soudain l'élève la plus populaire de ma classe. Les autres se battaient pour me donner la main quand nous sortions jouer à la récréation.

L'année suivante, ma position sociale disparut aussi mystérieusement qu'elle était venue. J'avais toujours des amis, mais je n'étais plus le point de mire. Personne ne se battait plus pour me donner la main. Je me sentis abandonnée et trahie. Je n'ai jamais compris cette expérience et elle me laissa un sentiment d'incertitude quant aux vraies raisons pour lesquelles les gens m'aimaient.

La Musique

Ma meilleure amie de cette époque, Carol Jacobsen, jouait du violoncelle et appartenait à une famille très musicienne. Ma mère s'entendait bien avec ses parents et nous passions beaucoup de soirées chez eux. Il y avait toujours des gens pour jouer de la musique de chambre, aussi, quand j'étais avec Carol, je m'endormais aux beaux accents de la musique classique qui s'échappaient du salon. Je me plaisais à faire partie de ce foyer chaleureux, plein de gens et de musique.

Je pris des cours de piano durant près d'un an. Récemment, ma mère m'a raconté qu'au début, je travaillais avec acharnement pendant des heures pour finir par fondre en larmes. Je croyais apparemment pouvoir apprendre *tout* tout de suite et ne supportais pas de ne pas y parvenir ! Au bout du compte, je passai du piano au violon.

Durant dix ans, j'étudiai cet instrument et jouai même pendant les deux dernières dans le California Junior Symphony. J'étais ravie, mais je fus distraite pas trop de choses à mon entrée à l'université et j'abandonnai le violon. L'un de mes rêves est de m'y remettre un jour.

A peu près à l'époque où je commençais à m'intéresser au violon et à la musique classique, les premiers éclats du rock'n roll perçaient la conscience réprimée de la fin des années cinquante. Je me rappelle les discussions enthousiastes de mes camarades à propos des derniers succès et les rythmes déchaînés diffusés par les transistors qu'ils amenaient à l'école. Fermement installée dans mon concept un peu précoce de moi-même comme une jeune intellectuelle, je me jugeais au-dessus de cela. Pour moi, le rock'n roll était la musique des médiocres.

Toutefois, lorsque je déménageai à Santa Cruz et entrai en sixième, j'y pris goût. L'adolescence commençait à réveiller mes hormones et je fus séduite par le rock'n roll. Le temps d'arriver en septième et j'étais complètement prise.

Robin Simpson devint ma meilleure amie; j'allais chez elle le soir et le week-end, y dormant la nuit du samedi au dimanche. Nous écoutions la radio ou des disques, parlions inlassablement de la vie et des garçons et fantasmions sur la possibilité de rencontrer Elvis.

J'étais folle de lui. Après lui avoir résisté, j'avais succombé. Sa voix sensuelle, quand il parlait ou chantait, son charme, sa virilité sauvage et rebelle, alliés à une certaine sensualité féminine, me bouleversaient. J'ai encore ses premiers disques et ils font partie de ce que j'écoute toujours volontiers. A mon avis, Elvis fut un canal très puissant.

Dans les années cinquante, la culture blanche occidentale donnait l'impression de friser l'extinction par pure répression de son énergie émotionnelle, instinctive et sexuelle. La sève ne coulait plus et nous courions le risque de nous dessécher et de partir en poussière. Grâce au ciel, la force vitale fut préservée et nourrie par la culture noire qui existait parmi nous. Bien que nos ancêtres américains, ignorants et sauvages, soient allés en Afrique pour le plus bas des objectifs, l'esclavage, ils en ramenèrent des Noirs encore en contact avec la terre et eux-mêmes, pour que finalement ces Noirs nous sauvent. Bien sûr, les Blancs ne supportèrent pas cette confrontation avec leurs moi de l'ombre dont ils avaient tellement besoin et, pendant des générations, ils s'affairèrent à élever des murs de préjugés et de ségrégation pour se protéger de la présence menaçante d'une telle vitalité et vivacité.

Le salut est venu par la musique, et bien venu. Et il fallut qu'un Blanc l'apporte car la culture blanche ne l'aurait pas accepté d'un Noir ou, pire encore, d'une Noire ! Ainsi donc, la grande âme d'Elvis naquit dans un corps blanc et tout passa par lui. Certes, il y en eut beaucoup d'autres, des Noirs et des Blancs, qui comptèrent tout autant dans ce processus. Mais lui fut le porte-enseigne, le symbole et le premier canal important par lequel le rock'n roll nous secoua pour nous ranimer.

Ce n'est pas un hasard si tant de gens l'adorent encore et lui vouent un culte presque comme à un dieu. Il fut à mon sens une entité très puissante, au service de nous tous et, comme beaucoup d'autres personnes investies d'une telle puissance, il ne sut comment la gérer, il ne la comprit pas et elle le détruisit de la façon la plus tragique.

Je vécus une infatuation similaire quelques années plus tard avec les Beatles. Je tombai amoureuse de John Lennon, un autre grand canal qui fut, je crois, détruit lui aussi par sa puissance. Il y en eut tant dans le monde du rock'n roll et je les remercie tous de ce qu'ils ont donné et d'avoir accepté d'extérioriser nos côtés sombres réprimés, les côtés ombre de nos personnalités civilisées que nous essayons d'ignorer, mais sans lesquels nous ne pouvons pas vivre.

A la recherche de l'amour

Ma mère ne se remaria jamais, quoiqu'elle en fût très près une ou deux fois. Elle eut quelques relations d'importance et se fiança même une fois, mais finit par écarter l'idée d'un mariage. Dans ma petite enfance, certains de ces hommes furent proches de moi et jouèrent un rôle important de père. Je me sentais aimée d'eux et les adorais en retour. Hélas, lorsque leur relation avec ma mère se terminait pour une raison ou une autre, je ne les revoyais plus. Le schéma d'être aimée par un père, puis soudainement abandonnée en fut très renforcé.

N'ayant ni frère ni grand-père, et mon seul oncle vivant au Texas, il y avait un manque indubitable d'énergie masculine dans ma vie. Il en résulta une curiosité et une fascination pour les mystérieux mâles de la race. Ils m'attiraient beaucoup et je désirais leur amour et leur attention.

Aussi loin que je me rappelle, j'ai toujours été amoureuse. Je me revois comme si c'était hier aller, à cinq ans, avec ma mère à une fête de Noël chez son patron et rencontrer son fils de mon âge. J'en tombai immédiatement amoureuse et nous nous sommes promenés toute la soirée en nous tenant la main. J'étais aux anges et cette situation me paraissait naturelle. Pendant toutes mes études, je trouvais toujours dans ma classe un garçon à aimer. Ces sentiments étaient sans doute souvent mutuels, mais ils ne furent en général pas reconnus ouvertement ni pris en compte.

L'été de mes onze ans, je fis un camp et m'épris d'un «homme plus âgé» de quatorze ans, Carl. Nous nous sommes bien amusés, il m'accorda une certaine action, mais les choses n'allèrent pas plus loin. Après lui avoir gardé mon amour toute une année, je revins au camp de l'été suivant avec de grands espoirs, et le trouvai en pleine histoire sentimentale avec une fille très séduisante de son âge nommée Judith (que je l'ai haïe !).

L'été suivant, lors d'une réunion de famille, je succombai à un cousin au second degré et passai un an à me languir en vain de lui. Je commençai à sortir de temps en temps avec des garçons et reçus mon premier vrai baiser d'un jeune homme sur lequel il n'y a rien d'autre à dire.

J'avais quatorze ans, nous avions déménagé à Sacramento. J'étais en neuvième quand ma première véritable affaire sentimentale tomba sur moi comme la foudre. Je jouais du violon dans le California Junior Symphony. Je comptais parmi les membres les plus récents et les moins accomplis de l'orchestre, et je me trouvais loin derrière, dans la section des deuxièmes violons.

Le premier violon, l'étoile de l'orchestre, était un grand dieu blond de dix-neuf ans nommé Robin. Nous exécutions une symphonie dans laquelle il interprétait un solo très spectaculaire et difficile. J'étais totalement en admiration devant lui. Par un étrange coup de chance, ma mère se mit à sortir avec son père et Robin fut chargé de me donner des leçons de violon.

Durant la première leçon, les jambes en coton, je fus incapable de me concentrer sur la musique. Il partageait de toute évidence mon émotion car nos leçons ne tardèrent pas à céder la place à des baisers passionnés et aux discussions les plus graves sur la vie. Nous sommes sortis ensemble pendant quelques semaines. Il m'emmena à plusieurs soirées où je rencontrai ses amis existentialistes qui semblèrent amusés de faire ma connaissance. Malgré ma précocité intellectuelle, j'étais fondamentalement une fille naïve de quatorze ans alors qu'il en avait dix-neuf et était sophistiqué. J'étais plongée dans une béatitude romantique, mais j'ignorais ce qu'il me trouvait. De toute façon, il cessa soudain de me voir et de me téléphoner. J'étais trop timide pour l'appeler. La saison musicale se termina et je ne le revis plus.

Le schéma d'amour et d'abandon refaisait déjà surface dans ce nouveau domaine du sentimental. L'effet en fut désastreux et je sombrai dans une dépression presque suicidaire. Ma grande souffrance émotionnelle se mêlait à ma nouvelle philosophie existentielle et je me mis à chercher le sens de la vie. Je n'en trouvais aucun. Je tombais dans un désespoir et une impuissance complets. Pour la première fois, je me désintéressais de mes études. En classe, je regardais dans le vague et, chez moi, j'errais comme une âme en peine. Ma mère s'inquiéta au point de m'envoyer chez un thérapeute qui me mit dans un groupe d'adolescents perturbés. Cela m'aida probablement, mais la dépression continua sur plusieurs mois et réapparut de façon périodique au cours des années suivantes.

A la base de cet état, il y avait certainement la tristesse habituelle des adolescents et aussi une partie de souffrance non résolue de l'enfance qui remontait à la surface (et qui est peut-être la clé de la tristesse de l'adolescence chez la plupart des gens).

A un autre niveau, je traversai une crise spirituelle. Mon désespoir émotionnel m'obligeait à regarder en face le vide sous-jacent de la vie que je menais, une vie orientée vers des buts intellectuels et extérieurs, très peu connectée à l'esprit supérieur. Sans cette connexion spirituelle intérieure, la vie semble vide de sens et nous essayons de fuir ce sentiment en courant encore plus après les choses qui, nous l'espérons, nous combleront. Je commençais déjà à me rendre compte que les choses qui m'avaient parues importantes n'allaient par m'apporter la plénitude. Les relations, le succès, l'admiration des autres, l'argent, l'éducation et même le travail de création et le service d'autrui, quoique merveilleux en eux-mêmes, ne suffiraient pas pour donner à ma vie un sens et un but. A cette époque, je n'avais pas la moindre idée de ce qui manquait; je savais seulement que si la vie n'avait rien d'autre à apporter, je ne souhaitais pas continuer à vivre.

Malgré les distractions que je multipliais au maximum, le désespoir resta latent au cours des années suivantes, me poussant vers un nouveau degré d'ouverture.

Je sais à présent que chacun, tôt ou tard, d'une façon ou d'une autre, doit affronter cette crise. La philosophie orientale l'appelle «la traversée du voile de l'illusion». Nous devons déplacer notre regard au-delà du monde de la forme pour nous ouvrir à la plénitude du monde de l'esprit. Au cours de cette transition, nous nous sentons en pleine obscurité, l'obscurité de notre propre peur qu'il n'y ait rien au-delà de ce que nous connaissons avec nos sens physiques. En affrontant notre propre peur dans toute son ampleur, nous nous autorisons finalement à rencontrer directement la puissance, la beauté et l'amour de l'esprit supérieur qui est vivant dans toute la création.

MON ADOLESCENCE

Mon coeur brisé finit par se consoler quand je commençai à sortir avec Rick, un garçon intelligent et intéressant, âgé de quinze ans comme moi, et que j'avais toujours apprécié. Ce fut ma première histoire d'amour durable et partagée. Nous avions beaucoup de choses en commun et nous nous aimions réellement. Ses parents se rendaient d'ailleurs compte de la profondeur de notre connexion et avaient peur que nos relations ne deviennent trop émotionnelles et-ou sexuelles. Nous flirtions passionnément mais, à cette époque, il n'était pas du tout courant d'avoir des relations sexuelles à notre âge et nous n'en avons pas eues. Nous nous sommes quittés à la fin de l'année scolaire parce que nous étions trop jeunes pour pouvoir supporter l'intensité de notre connexion. L'année suivante, je sortis avec un charmant garçon qui finit par épouser l'une de mes meilleures amies après notre séparation.

Mes amies comptaient autant que mes petits amis, si pas davantage. Je nouai de grandes amitiés avec quatre autres filles — Yvonne, Bev, Sandy et Cathy. Nous formions toutes les cinq une équipe formidable. Nous passions ensemble le plus clair de notre temps et partagions tout. Le week-end, nous dormions souvent chez l'une d'entre nous, parlant jusque tard dans la nuit et riant si fort que nous nous donnions mal au ventre. Nous faisions parfois des folies, comme de nous faufiler dehors au milieu de la nuit pour danser sans retenue dans le parc, telles des nymphes du culte de Dionysos. Bien sûr, nous parlions sans arrêt, de nos petits amis et de tout ce que nous apprenions et découvrions avec eux. Nous abordions aussi d'autres sujets, en particulier le sens de la vie et l'idée que nous nous faisions de notre avenir. Mes amies étaient des filles remarquables et je pense aux moments que nous avons vécus ensemble avec une tendresse émue. Sandy, qui changea par la suite son nom en Sonora, resta ma meilleure amie jusqu'à nos trente ans.

Quelques professeurs eurent une grande influence sur moi à cette époque. M. Lahey, mon professeur d'anglais, qui m'encouragea alors que j'en avais vraiment besoin. A son avis, j'avais «la plume facile» et il m'incita à m'exprimer par l'écriture. C'était un catholique fervent et, un jour où j'étais très perturbée et déprimée, il me dit qu'il me fallait trouver Dieu. Sur le moment, je jugeai ce conseil ridicule, mais depuis j'ai souvent repensé à la vérité fondamentale que comportait cette remarque. J'aimerais pouvoir lui dire combien il avait raison.

L'un de mes autres professeurs favoris était M. Gill, professeur de latin. Il aimait vraiment les enfants et nous passions de bons moments avec lui. Nous nous acquittions le plus vite possible de notre travail en latin pour passer le plus de temps de cours possible à discuter de l'actualité, de politique et de philosophie.

C'était en 1963-66, la guerre du Viêt-nam constituait un sujet brûlant. Foncièrement pacifiste, je participais à des manifestations et écrivais au rédacteur en chef du journal de la ville. Pour M. Gill, la guerre était juste et nécessaire, aussi avions-nous, lui et moi, des discussions quotidiennes véhémentes, auxquelles certains élèves prenaient part, tandis que d'autres devaient nous trouver fous et attendaient avec impatience la sonnerie de la fin du cours. J'étais reconnaissante à M. Gill de nous donner un lieu pour débattre de choses importantes et de nous encourager à exprimer nos sentiments et nos opinions. Lorsque je voulus rentrer à l'université, je lui demandai de m'écrire une lettre de recommandation. Je fus stupéfaite de découvrir par la suite ce qu'il y avait mis. Il disait s'attendre à me voir devenir «l'une des femmes importantes de ce siècle». Les larmes me viennent aux yeux tandis que je consigne ces mots. Merci de m'avoir appréciée, M. Gill.

Lorsque j'eus dix-sept ans, au début de ma dernière année de secondaire, je décidai qu'il était temps de perdre ma virginité. L'une de mes amies avait déjà sauté le pas et je ne voulais pas rester trop en arrière. Je sortais avec un jeune homme de dix-neuf ans qui était dans la Navy et se trouvait en poste dans la région. Jim était intelligent, amusant et rebelle (il haïssait la Navy), et il m'aimait. Je voyais en lui la personne susceptible de m'aider à atteindre mon but.

Ma mère avait décidé, assez tardivement, qu'il fallait m'encadrer davantage et elle m'imposait une règle rigide : je devais rentrer pour minuit au plus tard, même le week-end. Je fis là mon premier acte important de révolte. Je rentrais me coucher à minuit puis, dès que ma mère s'était endormie, je me faufilais dehors par la fenêtre et Jim passait me chercher en voiture. Bien sûr, à cette heure-là, plus rien n'était ouvert et nous nous promenions en voiture pour finir par nous arrêter sur un parking. Ce fut là qu'eut lieu ma première expérience sexuelle — sur le siège arrière d'une voiture. Comme la plupart des premières expériences, ce ne fut pas une réussite, mais l'audace et la révolte qui l'accompagnaient n'étaient pas pour me déplaire.

Nous avons continué à nous voir, Jim et moi, et, avec un peu de pratique, la relation sexuelle s'améliora. Hélas, avec la naïveté typique d'une jeune fille, je tombai enceinte au bout de deux mois.

Grossesse

Je me débattais toujours avec mon désespoir existentiel latent et me demandais si j'avais envie de suivre le plan de vie qui me semblait déjà établi pour moi : aller dans une bonne université, devenir professionnelle de quelque chose et faire une belle carrière. Lorsque je fus enceinte, je me pris à rêver de ne pas aller du tout à l'université, mais d'épouser Jim et de devenir une femme au foyer avec un bébé. Ce changement complet par rapport à la voie qui m'était tracée me plaisait.

Quand ma mère s'aperçut de mon état, nous eûmes une longue conversation. Elle me persuada de réfléchir davantage et je finis par décider que je n'étais pas prête pour avoir un enfant. A cette époque, l'avortement était encore illégal aux Etats-Unis et évoquait d'affreuses images d'actions sordides perpétrées dans des arrière-boutiques. Mais l'avortement était tout à fait légal en Suède et au Japon. Ma mère prit conseil dans son entourage et une amie japonaise lui proposa de me faire avorter légalement au Japon en passant par sa soeur qui vivait là-bas. Nous avons estimé, ma mère et moi, cette solution lointaine préférable à un avortement illégal sur place. L'opération ne coûtait presque rien, mais le voyage était cher. Ma mère n'avait pas les moyens de m'accompagner.

Jim n'était pas content car il désirait m'épouser et garder l'enfant. Je compris toutefois que ce désir reposait en partie sur un terrible besoin d'amener chaleur et réconfort dans sa triste vie d'homme de la Navy et je ne voulais vraiment pas porter ce fardeau. Ainsi, durant les vacances scolaires de Pâques, je racontai à tout le monde, excepté mes meilleures amies (qui connaissaient la vérité), que j'étais invitée dans une famille japonaise, et je partis.

La soeur de notre amie m'attendait à l'aéroport de Tokyo. C'était une femme d'un certain âge, qui parlait un peu l'anglais et me conduisit dans la petite clinique privée d'un jeune obstétricien japonais.

Le médecin ne parlait pas anglais. Il n'y avait pas de chauffage et les lieux étaient aménagés d'une manière assez sommaire. Tout était si différent de ce que j'avais imaginé (je m'étais représenté un vaste établissement tout blanc) que je fus prise de panique.

M'excusant, je me rendis aux toilettes. C'était une installation à la turque, sur laquelle il fallait s'accroupir. Je trouvais tout bizarre et étranger. C'en fut trop lorsque, voulant sortir des toilettes, je ne réussis pas à ouvrir la porte. Je me mis à taper dessus en pleurant comme une hystérique. Il me semblait que j'allais mourir dans ce lieu étranger, loin de mon monde familier et des gens qui m'aimaient.

On me sauva des toilettes et je téléphonai aussitôt à ma mère. Malgré l'affolement que je lui causai sans doute, elle parvint à se montrer rassurante, puis le médecin et mon interprète m'invitèrent à prendre une bonne nuit de sommeil.

Le lendemain, le médecin m'apprit qu'il y aurait deux opérations, une le matin et une le soir. Il me fit une anesthésie générale et exécuta la première opération. Je fus très malade toute la journée. Après la seconde opération, je me sentis à nouveau bien. Encore aujourd'hui, je ne sais pas pourquoi il procéda de cette façon.

Je passai ensuite quelques jours de convalescence à la clinique et tombai amoureuse de mon docteur et de sa famille. Ils se montrèrent extrêmement gentils avec moi, ils avaient probablement pitié de cette jeune américaine qui se trouvait si loin de chez elle. Avant mon départ, il m'invita avec mon interprète et accompagnatrice à prendre le thé chez lui. Il vivait avec ses parents âgés dans une petite maison en papier de riz à côté de la clinique. Je n'oublierai jamais mon impression de mesurer plus de deux mètres et d'être totalement maladroite auprès de ces petits Japonais qui s'inclinaient jusqu'à terre devant moi comme le veut la politesse. Leur gentillesse m'a profondément touché et je les ai quittés le coeur débordant d'amour.

Ma mère s'était dit que puisqu'il fallait payer le voyage jusqu'au Japon, je devais au moins en profiter. Elle m'organisa donc un petit tour de trois jours avec d'autres Américains dans la belle cité historique de Kyoto. A cause de mes hormones perturbées, je connaissais des hauts et des bas émotionnels : un instant, j'étais euphorique et, l'instant d'après, je me sentais déprimée et abandonnée. Je trouvais étrange de ne pouvoir dire à personne le vrai motif de ma présence. En tout cas, Kyoto me plut. L'élégance et la beauté des temples et des jardins trouvèrent un écho profond en mon âme. J'éprouvais un sentiment de familiarité qui me donna envie d'y revenir.

Pendant le voyage de retour, je m'arrêtai quelques jours à

Honolulu. Notre agence de voyages m'avait réservé la chambre la moins chère d'un hôtel qui donnait sur la plage de Waikiki, qui était encore charmante et préservée à cette époque. La chambre coûtait huit dollars la nuit ! J'arrivai le dimanche de Pâques, c'est-à-dire le dernier jour des vacances. L'hôtel avait été plein, mais la plupart des gens étaient partis ce matin-là, il ne restait presque plus personne. Pour le prix que je payais, le réceptionniste me mit dans l'une des meilleures chambres ! Située au dernier étage, elle possédait deux terrasses donnant dans deux directions différentes, une magnifique moquette turquoise de la couleur de la mer au dehors et un grand lit doré. J'étais intimidée, mais ravie.

Ce séjour à Hawaii fit du bien à mon corps et à mon âme. J'avais l'impression que l'air doux et chaud et le soleil pénétraient par chaque pore de ma peau. Je fis la connaissance d'un new-yorkais débrouillard de vingt-quatre ans, nommé Eddie, qui sentit sans doute ma vulnérabilité car il me prit sous son aile, m'emmena visiter les environs, n'essaya pas de dormir avec moi dans le lit doré et me gratifia d'un chaste et romantique baiser d'adieu quand je partis.

Ce voyage me laissa l'impression d'être sortie dans le vaste monde, seule et vulnérable, et d'avoir été complètement prise en charge et traitée avec beaucoup de gentillesse par tous ceux que j'avais rencontrés. Ce fut une profonde expérience de confiance en moi-même et en autrui. Je ne pouvais pas rendre aux gens ce qu'ils avaient fait pour moi, mais je fis le serment de prolonger cette sollicitude en la témoignant à d'autres qui en auraient besoin.

L'UNIVERSITÉ

Les meilleurs amis de ma mère, Tom et Delphine Frazier, que je considérais comme un oncle et une tante, avaient tous les deux fait leurs études à Reed College à Portland, Oregon. Depuis longtemps, je voulais moi aussi y aller. Reed était non seulement d'un très bon niveau d'études, mais passait pour un établissement créatif, radical et non conventionnel, bien avant que les "gauchistes" de la fin des années soixante ne débarquent sur tous les campus universitaires. A ma grande joie, ma demande d'inscription fut acceptée; j'entrai à l'université à l'automne 1966.

Reed est une petite université privée (qui comptait 900 étudiants à l'époque), implantée sur un magnifique campus feuillu et verdoyant des quartiers résidentiels de Portland. Je vécus sur place la première année, dans un splendide vieux dortoir en pierre. Reed offrait un cadre stimulant car tout le monde, les professeurs et les étudiants, y était brillant. Malgré une orientation très académique, on y minimisait l'importance des diplômes, et on y encourageait la liberté d'esprit, la pensée créative et l'action. Reed comptait beaucoup de personnalités authentiques, autant dans le corps enseignant que parmi les étudiants. Ma soif de connaissance, qui était un peu tombée dans le secondaire, se réveilla. J'étais ravie de commencer ma vie d'adulte en un lieu aussi passionnant.

Tout ne fut pourtant pas rose pour moi. J'étais habituée à être toujours complimentée pour mon intelligence. Je me voyais toujours parmi les meilleurs et pouvais exceller en toute chose à laquelle je m'attelais. A Reed, tout le monde était au moins aussi intelligent que moi, et beaucoup l'étaient même plus et possédaient une meilleure éducation. De nombreux étudiants avaient fréquenté des écoles privées de la côte est et leur côté littéraire sophistiqué me dépassait complètement. Je ne tardai pas à m'apercevoir qu'il ne me suffisait pas de rendre un travail écrit pour recevoir automatiquement la note «A». Je devais me donner du mal, et le résultat n'était pas toujours grandiose. Toute mon identité égoïque de brillante intellectuelle en fut très ébranlée.

Il ne me fallut toutefois pas longtemps pour m'adapter à la vie universitaire. Mes deux compagnes de chambre devinrent de bonnes amies. J'avais un petit-ami charmant et mes cours me plaisaient. Pour satisfaire à la partie éducation physique, je m'inscrivis à un cours de danse classique. J'aimais la danse depuis toujours. Toute petite déjà, ma mère m'avait emmenée voir des spectacles du Ballet de San Francisco et j'étais captivée. J'avais rêvé de devenir ballerine, mais sans jamais rien faire pour cela. J'avais seulement suivi au lycée un cours de danse moderne que j'avais beaucoup apprécié. A Reed, le professeur était très bon et je m'investis de plus en plus dans cette discipline, prenant le maximum de cours.

Au cours de ma deuxième année, je commençai à perdre mon enthousiasme pour mes études. L'université exacerbait ma tendance à l'intellectualisme et je devenais saturée. Je me rappelle mon sentiment de passer quatre-vingt-dix pour cent de ma vie dans ma tête et j'aspirais à laisser s'exprimer d'autres parties de mon être. Je n'en avais toutefois guère l'occasion car il me fallait consacrer le plus clair de mon temps à l'étude. J'avais décidé de me spécialiser en psychologie, du fait d'un réel intérêt, mais les cours de base étaient orientés sur les théories behavioristes et tournaient autour des expériences avec des rats et des statistiques, deux choses dont j'avais horreur. Mon ennui existentiel réapparaissait, dans toute sa force. De nouveau, je me demandais à quoi rimait tout cela.

Changements

A cette époque de ma vie, trois facteurs contribuèrent à modifier ma conscience et à changer ma perception de la réalité.

Le premier fut la drogue. La marijuana et le LSD devenaient monnaie courante sur les campus universitaires et Reed était à l'avant-garde. Certains de mes amis se droguaient, mais je me montrais plus prudente. Je n'avais jamais fumé une cigarette ni bu beaucoup d'alcool, c'était tout juste si j'avais pris de l'aspirine. Durant ma première année, j'essayai une ou deux fois de fumer de la marijuana, mais faute de savoir comment m'y prendre, il ne se passa pas grand-chose.

L'année suivante, je recommençai et finis par avoir suffisamment la technique pour obtenir un effet, qui se révéla très agréable. Je me mis donc à fumer de temps en temps, appréciant de voir alors les choses sous un autre angle.

Finalement, je passai au LSD et eus quelques merveilleuses expériences. Le LSD me permit de me sentir très libre et dans un état d'expansion, et de faire l'expérience du monde physique au niveau de l'énergie. Je découvris que toute chose physique est en réalité faite d'énergie et je pus entrer en résonance avec la vibration de cette énergie. Malgré ces expériences tout à fait positives, je n'eus jamais recours autrement qu'occasionnellement à la drogue, au contraire de certains de mes amis qui en firent un usage régulier. J'ai une personnalité profondément non dépendante en ce qui concerne l'alimentation et les substances à absorber. L'aspiration à l'équilibre et à la santé semble très fort chez moi. En outre, je viens d'une famille où l'on ne boit ni ne fume, et je crois que le fait de ne pas avoir subi d'anesthésie à ma naissance m'a protégée de la tendance à se droguer si commune parmi les gens de ma génération.

Vers la fin de ma deuxième année, je vécus la seconde expérience qui marqua un tournant important dans ma vie. J'étais très liée avec un jeune professeur de psychologie qui m'invita à participer à une expérience, un groupe d'«encounter» composé d'une majorité d'enseignants et de quelques étudiants. Ce genre de groupe constituait un phénomène nouveau et personne n'en avait jamais fait auparavant.

Nous étions une vingtaine dans le salon de la maison de l'un des professeurs. L'animateur du groupe nous invita d'abord à nous présenter et à expliquer un peu aux autres les problèmes que nous rencontrions dans notre vie. Ensuite il nous fit faire des exercices deux par deux : regarder l'autre dans les yeux, poser certaines questions et y répondre. Je me mis à éprouver beaucoup d'émotions : de la tristesse, des sentiments d'amour. D'autres personnes rentraient aussi dans leurs émotions. Finalement, certaines se mirent à pleurer, libérant des sentiments intenses qu'elles avaient refoulés toute leur vie durant.

Nous avons passé trois jours ensemble. Au cours de ces trois jours, les gens exprimèrent de plus en plus leurs émotions. Lorsqu'ils se mettaient en colère, l'animateur les aidait à faire sortir leurs émotions. Plus nous partagions de choses et plus nous nous sentions proches les uns des autres. A la fin de la session, nous avions l'impression de former une seule grande famille unie.

J'étais aux anges. Je n'avais encore jamais éprouvé de sentiments d'amour aussi forts. Durant les jours qui suivirent, je me sentis même mieux qu'après avoir pris de la drogue. Mon coeur était grand ouvert. Ce sentiment me donna envie d'aller plus loin.

Danse

Le troisième facteur de changement de cette époque fut la danse. J'avais cette année-là un nouveau professeur qui enseignait la danse moderne et non la danse classique. Ces nouvelles manières de déplacer mon corps me donnait une sensation de liberté et de pouvoir qui me plaisait. La danse me donnait l'équilibre dont j'avais tant besoin par rapport à l'intellect et je m'aperçus bientôt que c'était le seul cours que j'appréciais vraiment ! Lorsque l'année s'acheva, j'étais passionnée de danse et je décidai de participer à un stage intensif de six semaines à l'université d'état de Long Beach, en Californie.

Ce fut une expérience fabuleuse. Je vécus en dortoir avec d'autres étudiants et nous travaillions six heures par jour, six jours par semaine. Le reste du temps, nous parlions, nous mangions et nous respirions la danse. Nos professeurs étaient des sommités et nous avons fait de la danse classique et plusieurs genres de danse moderne, jazz et chorégraphie. J'étais folle de danse et j'aimais le côté centré, rigoureux et discipliné de la vie quasi monastique que je menais.

Lorsque je revins à Reed pour ma troisième année, il se produisit une chose étrange. J'entrai dans le bureau pour m'inscrire aux cours que j'avais choisis et je compris tout d'un coup que je ne pouvais pas continuer. Alors je fis tout simplement volte-face et ressortis.

En ce moment du choix, je tournai le dos à ma vieille identité et à la vie pour laquelle j'avais été éduquée et programmée depuis ma naissance. Ce fut, je pense, l'un des sauts les plus radicaux que je fis jamais.

DANSE ET DÉCOUVERTE

Je dois à la danse mes expériences de lâcher-prise du contrôle et d'abandon total à l'énergie de la vie. Libérant mon esprit, je me laissai danser par la force vitale. Je connus le pouvoir de l'univers passant à travers mon corps, me plongeant dans l'extase.

Cette expérience changea ma vie pour toujours. Je ne pouvais plus reprendre mon existence rationnelle antérieure. Ma vieille identité et mes priorités d'avant s'étaient dissoutes et je n'avais pas la moindre idée de qui j'étais ni d'où j'allais.

Cette année-là, je restai à Portland où je louais une maisonnette près du campus de Reed avec mon petit ami d'alors, un jeune homme assez mystique, très déphasé, que j'avais rencontré à San Francisco et invité à partager ma vie à Portland. Je donnais des cours de danse à des enfants pour le compte du service des loisirs de la ville et je prenais moi-même des cours de danse à Reed. Je remercie Dieu pour mon professeur, qui me consacrait un moment chaque semaine pour me dire ce que je devais apprendre aux enfants de mon cours. Je me sentais juste un petit peu plus avancée qu'eux et toute cette histoire m'angoissait beaucoup. Pourtant, je m'en sortis apparemment bien, puisque mes élèves se distinguèrent au spectacle de la ville. J'en fus très fière.

Cette année sans études me permit d'intégrer les changements qui se produisaient dans ma vie et de trouver ma nouvelle voie.

Je décidai d'écouter ma passion pour la danse. Je calculai que je devais m'y consacrer pendant que j'étais jeune, alors que d'autres choses pouvaient être faites plus tard. Je fis le choix de terminer mes études universitaires en passant un diplôme de danse. Comme la danse n'était qu'une matière annexe à Reed, je m'inscrivis à l'université de Californie, à Irvine, qui comptait une section danse importante. Ce fut un grand changement de Reed à Irvine, qui se trouve juste au sud de Los Angeles, dans l'un des bastions du conservatisme. Irvine était l'opposé total de Reed, une université énorme, flambant neuve et complètement quelconque, faite pour l'Amérique moyenne. Je ne m'arrêtais à rien d'autre que mes cours de danse.

La section de danse d'Irvine rivalisait de réputation avec celle, bien connue, de l'UCLA. L'UCLA produisait des danseurs qui étaient des chorégraphes créateurs ou des professeurs et non des danseurs professionnels. Sous la direction d'Eugene Loring, la section de danse d'Irvine visait à diplômer des danseurs techniquement assez bons pour devenir des professionnels. L'accent était donc mis sur la technique, classique, moderne et jazz, avec un peu de chorégraphie. La barre était très haute, le diplôme difficile à décrocher et l'émulation intense.

J'étais très désavantagée car je n'avais que trois ans derrière moi alors que la plupart des étudiants avaient commencé la danse classique dans leur enfance. Je travaillai dur, appréciant l'intensité et la discipline, et acquis une solide base technique dont je suis encore reconnaissante aujourd'hui. L'importance accordée à la technique m'était bénéfique car j'avais besoin de travailler, mais je trouvais stressante et décourageante l'atmosphère de compétition. J'aimais la chorégraphie et me mis à rêver d'une carrière de chorégraphe. J'ai regretté par la suite de n'avoir pas été plus soutenue dans l'aspect créatif de la danse car j'aurais, me semble-t-il, pu y exceller.

Pendant ma première année à Irvine, je n'eus pas de petit ami régulier; c'était la première fois depuis mes quinze ans.

J'habitai dans une maison de l'île Balboa avec deux autres femmes et mes études m'accaparèrent presque totalement.

C'est à cette époque que je me pris d'intérêt pour la nourriture saine et me mis à cuisiner et à manger avec beaucoup de conscience. Mon amie du secondaire, Sonora, s'était mise au hatha yoga et m'en parla. Intéressée, je m'inscrivis à un cours et pratiquai tous les jours. Je consacrai ma vie à développer une relation saine et puissante avec mon corps. Et le fait d'être seule me donna du temps pour la contemplation, qui commença à me mettre en contact avec mon moi profond. J'éprouvai de nouveau ce sentiment monastique que je trouvais très satisfaisant pour mon âme. Je pense encore à la relative simplicité et à la discipline physique de cette époque avec une certaine nostalgie.

Toutefois, au niveau émotionnel, j'étais très seule. Le fait de ne pas avoir de relation avec un homme me donnait un sentiment de vide douloureux. Aussi, au cours de ma seconde année à Irvine, je m'épris de Laurence. Nous nous installâmes ensemble dans un petit cottage charmant et moderne loin de la ville. Laurence était représentant dans une société de nettoyage de moquettes. Comme j'avais besoin d'un travail qui puisse se combiner avec mes cours, nous décidâmes de créer notre propre société de nettoyage de moquettes. C'était moi la représentante. J'allais faire les devis et conclure les affaires et Laurence se chargeait du nettoyage à proprement parler. Je m'aperçus alors que j'aimais le contact avec le public et que j'avais un certain don pour vendre, qui tenait essentiellement dans le fait de me montrer chaleureuse et cordiale avec les gens, de leur faire sentir l'attention que je leur portais.

Nos affaires prospérèrent; pour finir, nous revînmes en ville, dans un grand appartement moderne où nous avions un bureau pour notre société. Nous engageâmes des personnes pour faire de la recherche de clientèle par téléphone. («Bonjour, nous sommes les nettoyeurs de moquettes Miracle. Nous allons passer dans votre région faire des devis gratuits...») Nous ne devenions pas riches, mais nous pouvions en vivre. (Plus tard, après mon départ, Laurence vendit l'affaire, qui a l'air encore florissante aujourd'hui.)

Je m'intéressais vaguement à la philosophie orientale, j'avais lu un ou deux livres d'Alan Watts. Un merveilleux vieux professeur d'histoire de l'art, le Dr Reynolds, attiré par le mysticisme oriental, nous montrait des diapositives sur l'art oriental et nous glissait des remarques sur le «vide cosmique» qui me fascinaient, mais qu'en même temps, je ne comprenais pas très bien. Il nous enseigna, pour apprécier les oeuvres d'art, à nous asseoir devant le tableau ou l'objet et d'essayer de vider notre esprit de toute pensée, tout jugement, toute interprétation, puis de nous ouvrir simplement afin de recevoir ce que l'oeuvre cherche à nous communiquer. Je faisais de mon mieux, mais ce n'était pas facile tant j'étais dans ma tête.

Avec la pratique régulière du yoga, la méditation commença à m'intéresser. Laurence étant également attiré par le développement spirituel, nous lisions des livres métaphysiques. Le premier qui me toucha beaucoup fut l'Autobiographie d'un yogi, de Paramahansa Yogananda. Quoique toujours méfiante à l'égard de tout ce qui n'était pas rationnel, je fus très marquée par les descriptions d'autres réalités dans ce livre. Quelque chose me fascinait et trouvait un écho profond en moi. Je fis la connaissance de quelques personnes intéressées par ces idées, avec qui je passai des heures à en discuter. Ces discussions étaient parfois stimulées par un joint qui nous permettait d'entrer dans les sphères cosmiques de la réalité non linéaire.

J'avais communiqué mon intérêt pour le yoga à ma mère, qui vivait à cette époque à Washington où elle travaillait pour le gouvernement fédéral. Elle prit des cours et se mit à pratiquer quotidiennement le yoga pour se détendre et pour soulager des maux de dos qui la tourmentaient depuis longtemps. Au bout d'un mois de yoga, elle avait obtenu une guérison définitive, alors qu'elle souffrait depuis quinze ans. Elle avait cinquante ans et ne s'était pas senti en meilleure forme physique depuis longtemps.

En juin 1979, j'obtins mon diplôme. Hélas, ma passion initiale pour la danse était enterrée sous le découragement. J'avais passé trop de temps à me battre pour satisfaire aux normes techniques de quelqu'un d'autre, au lieu de développer l'expression unique de mon esprit créateur. Je suis encore triste et fâchée aujourd'hui quand je pense à cette perte injustifiable de mon inspiration et de mon enthousiasme juvéniles. J'ai entendu tellement de gens raconter la même histoire à propos de leur éducation, surtout dans les arts. La technique est importante, mais il faut la laisser à sa place. On la cultive pour servir l'esprit, non pas pour l'écraser !

Je ne savais pas quoi faire. Je possédais une licence en danse, mais cela ne m'aidait pas beaucoup. J'hésitais sur la direction à prendre pour poursuivre ma carrière de danseuse.

L'affaire de nettoyage de moquettes se portait bien, mais je m'en lassais et ne voulais en tout cas pas m'y consacrer tout le restant de ma vie. Ma relation avec Laurence s'étiolait. Nous étions tombés dans un certain nombre de schémas négatifs et je ne me sentais plus ni appréciée ni valorisée. Je n'avais vraiment plus rien à quoi me raccrocher.

Au téléphone, maman m'annonça qu'elle avait trois semaines de vacances en septembre et qu'elle désirait aller en Sardaigne. Elle sortait d'une histoire amoureuse importante, qui avait duré longtemps, et m'offrait le voyage si j'acceptais de l'accompagner. Elle souffrait de la rupture et avait besoin de ma présence. Pour ma part, j'eus le sentiment que ce voyage me donnerait le recul si nécessaire par rapport à ma vie et donc je partis.

Sardaigne

La Sardaigne est une grande île au large de l'Italie, juste au-dessus de la Sicile. C'est un lieu de vacances prisé des Européens, mais curieusement, les Américains la connaissent très peu. Une petite région, la Costa Smeralda, a été luxueusement aménagée pour le jet-set international, tandis que le reste de l'île était presque intact à cette époque. Le paysage était très beau avec ses plages magnifiques, ses charmantes petites localités et ses montagnes découpées. Dans ces montagnes, on trouvait même de petits villages où les gens portaient encore leurs costumes traditionnels dans la vie de tous les jours.

La Sardaigne nous a conquises, ma mère et moi. A une époque où je commençais à m'ouvrir à l'idée de la réincarnation, je me sentis tellement reliée à ce lieu que je me demandai si je n'y avais pas vécu jadis. Ma mère partageait mon sentiment et nous avons évoqué la possibilité d'y avoir été ensemble.

Pendant ce séjour, je me fis une amie anglaise, Geraldine, et j'eus un amant italien, Carlo. Nous nous sommes très bien entendus et, au moment du départ, nous nous sommes promis de réunir l'argent nécessaire pour nous retrouver le plus vite possible.

Lorsque je revins en Californie, Laurence m'attendait avec impatience. Mon absence m'avait rendue plus chère à son coeur et il voulait donner un nouveau départ à notre relation. Lorsque je lui racontai la liaison que j'avais eue en Sardaigne, il fut pris d'une crise de jalousie et jeta à terre une photographie de moi qu'il avait fait agrandir et encadrer. Je me sentais coupable, désorientée et déchirée. Je finis par comprendre qu'une coupure était nécessaire. Ce fut difficile, mais je fis mes bagages et partis vivre avec ma mère à Washington. Je voulais y trouver du travail et gagner l'argent nécessaire pour retourner en Europe.

Washington

Je trouvai un emploi à la réception de l'ambassade du Sud Viêt-nam. C'était juste avant la fin de la guerre, lorsque le Sud Viêt-nam avait encore une ambassade aux USA. J'avais des scrupules à cause de mes convictions antimilitaristes, mais ce poste me tentait tellement que je n'y résistai pas.

Ce fut mon seul travail de neuf à cinq de toute ma vie et il se révéla agréable et intéressant. L'ambassade occupait un magnifique hôtel particulier aménagé avec de beaux meubles et oeuvres d'art orientaux. J'étais assise au premier bureau pour répondre au téléphone, accueillir les gens et les orienter. Il s'agissait en majorité de femmes vietnamiennes mariées à des Américains, qui venaient faire renouveler leurs passeports, etc. Je voyais parfois des hommes politiques américains qui avaient rendez-vous avec des diplomates vietnamiens.

La vie à Washington, complètement différente de celle que j'avais menée en Californie, était passionnante. Je n'avais encore jamais passé un hiver dans le froid glacial (sauf toute petite) et je trouvais cela plutôt stimulant. L'ambiance raffinée et politicienne me plaisait en outre.

Ma mère traversait alors une profonde dépression du fait de sa rupture sentimentale. Elle avait cinquante ans et devait regarder en face l'échec de ses relations avec les hommes. Elle recherchait mon soutien et ma compagnie, que j'avais du mal à lui donner. Je me sentais impuissante face à sa douleur et m'efforçais de vivre ma propre vie. Elle m'en voulut et ce furent des moments pénibles pour nous deux.

Après un échange épistolaire de quelques mois, Carlo ne me donna plus de nouvelles. Mais j'étais toujours en étroit contact avec Geraldine, avec qui je poursuivais mon plan. J'avais déjà mis de côté l'argent pour retourner en Italie au mois de juin.

Je sortais à l'époque avec un étudiant vietnamien qui travaillait comme gardien à l'ambassade. Les hommes différents, surtout d'une culture différente, m'ont toujours fascinée. Tam était beau, doux et très mystérieux. Il réveilla mes instincts maternels car il se trouvait tout seul aux Etats-Unis et très inquiet pour sa nombreuse famille au Viêt-nam qu'il craignait de ne jamais revoir (il ne la revit d'ailleurs jamais).

J'eus la brillante idée de l'épouser pour qu'il ait un statut de résident permanent. Je le fis, en partie par culpabilité car j'allais bientôt le quitter, en partie à cause de mon propre sentiment d'insécurité du fait de mes voyages et d'un besoin d'avoir quelque chose à quoi me raccrocher.

Je ne mis pas ma mère au courant de ce mariage, ne voulant pas ajouter à ses difficultés. Quelques semaines plus tard, je m'envolai pour l'Europe. Je revis Tan trois fois par la suite, quand il vint me voir en Europe, brièvement à mon retour aux Etats-Unis et, des années plus tard, quand il déménagea à Los Angeles. Nous restâmes légalement mariés pendant quatorze ans pour avoir toujours remis à plus tard les formalités du divorce ! Nous avons fini par divorcer il y a quelques années. Je veux croire que l'histoire de mon mariage ne donne pas la mesure de ma capacité d'intimité et d'engagement dans une relation à l'époque, mais je crains fort qu'il en soit ainsi.

L'ITALIE

Fidèles à nos projets, nous nous retrouvâmes, Geraldine et moi, à Rome, où nous passâmes une semaine dans une auberge de jeunesse avant de retourner en Sardaigne. Nous avions perdu le contact avec nos petits amis italiens, mais les hommes séduisants ne manquaient pas autour de nous et nous étions prêtes à profiter de tout au maximum.

Nous prîmes le bateau de nuit et arrivâmes sur notre chère île à l'aube. En faisant attention, nous avions suffisamment d'argent pour plusieurs mois. Nous faisions de l'auto-stop et dormions dans des «pensiones» bons marché ou dans des auberges de jeunesse. Nous restions quelques jours dans une ville, puis partions en auto-stop vers une autre. Partout, nous trouvions de la compagnie masculine pour aller à la plage, dîner dehors et danser.

Malgré notre comportement choquant, dont nous n'étions heureusement pas conscientes, sur une île très conservatrice où aucune femme ne sortait après neuf heures du soir, il ne nous arriva que deux mésaventures. Une fois, des pécheurs nous gardèrent toute une nuit sur leur bateau dans l'espoir de nous séduire, mais ils n'insistèrent pas beaucoup et rien ne se passa. Une autre fois, une mère exagérément zélée enferma Geraldine dans une chambre et essaya de la persuader d'épouser son fils. (Elle finit par la relâcher.)

Luciano

Un soir où nous mangions des pizzas dans une sorte de buvette près de la plage, levant soudain la tête de mon assiette, je découvris soudain l'un des plus magnifiques visages masculins que j'ai jamais vu. Un jeune homme s'était installé en face de moi. Ses traits étaient d'une beauté si classique et si puissante que je fus littéralement éblouie. Quelques minutes plus tard, il se leva et partit.

Je pensai sans cesse à lui durant les jours suivants, parlai de lui à Geraldine et, un après-midi, alors que je rentrai à pied de la plage, une voiture s'arrêta à ma hauteur. C'était *lui.* Il me proposa de monter. Je n'oublierai jamais ce que je ressentis en prenant place dans le véhicule. A l'entrée de la ville, il m'invita à sortir avec lui le soir même et j'acquiesçai la gorge nouée d'émotion.

Curieusement, je ne me rappelle rien de ce rendez-vous ni des suivants, hormis ce que j'éprouvais en sa présence. J'étais totalement, passionnément amoureuse. Il s'appelait Luciano et travaillait pour l'été comme serveur dans l'hôtel de Villasimius.

Sa puissante énergie masculine me précipita complètement dans mon énergie féminine. Ce fut pour moi une expérience inhabituelle, délicieuse et assez déconcertante.

Il n'était pas beau selon les critères conventionnels et pourtant sa beauté physique me toucha profondément et suscita des images (et des souvenirs ?) d'anciens Grecs et Romains, d'Indiens et de gitans.

Nous vécûmes une semaine de passion intense et d'amusements, puis Luciano dut partir.

C'était le mois d'octobre, la saison d'été se terminait et nous n'avions plus d'argent, Geraldine et moi. Geraldine décida de rentrer travailler en Angleterre pour financer son retour l'été suivant. Elle m'invita à venir avec elle.

Nous fîmes le voyage par train et par bateau. Geraldine vivait avec sa mère dans une très vieille maison à la sortie d'Oxford, où tout me parut à la fois très bizarre et charmant.

Sa tante dirigeait un foyer pour vieilles dames riches dans une demeure ancienne en pierre, située dans la propriété de

Blenheim Palace, demeure du Duc de Marlborough. Elle m'offrit de travailler pour elle comme aide. En échange, j'étais nourrie, logée et je recevais un petit salaire. L'une de mes tâches fut de promener le jeune chien hyperdynamique de la tante sur les terres splendides de Blenheim, où j'admirais des troupeaux de moutons et de vaches, des petits ponts au-dessus de ruisseaux et des faisans sauvages, tous enveloppés de brume. Ce fut une très pittoresque tranche de vie anglaise à la campagne, intéressante et charmante.

Mais je me sentais seule et m'ennuyais de Luciano. Après deux mois de silence, je reçus une lettre dans laquelle il me disait avoir trouvé un travail à Turin. Il désirait vivement me revoir. Lassée du froid anglais, je décidai de repartir pour Rome. Luciano m'accueillit à la descente du train à Turin le matin de Noël et me présenta à sa famille.

Rome

Nous passâmes, Luciano et moi, de bons moments ensemble, mais il était un peu préoccupé par son travail et je devais, pour ma part, en trouver un. Je partis donc après quelques jours pour Rome. Là, je fus engagée comme jeune fille au pair par un riche psychiatre et sa femme, qui avaient quatre enfants.

Je découvris aussi un professeur de danse moderne dont je suivis les merveilleux cours. Ce retour à la danse et la vie à Rome me plaisaient beaucoup. J'aimais l'impression de passé qui se dégageait de cette ville. Au coin d'une rue, on s'y trouve soudain face à un mur qui est là depuis deux mille ans. Je me sentais tout à fait comme chez moi, les gens me prenaient d'ailleurs pour une Italienne.

Il n'y avait qu'une ombre au tableau : je me sentais seule et Luciano me manquait terriblement. Nous nous rendions visite aussi souvent que nous le pouvions et j'étais aux anges en sa compagnie. Mais nous n'avions ni l'un ni l'autre beaucoup d'argent ni beaucoup de temps libre.

Il m'arriva une chose étrange pendant ce séjour. Comme je ne parlais presque que l'italien, je me mis aussi à penser dans cette langue. La connaissance que j'en avais était limitée à des concepts simples et, par conséquent, mon intellectualisme fondit comme neige au soleil. La culture italienne m'aida beaucoup à devenir plus émotionnelle et passionnée. Par exemple, Luciano était très jaloux et attendait la même chose de moi (j'étais jalouse !) Il était convenu et même souhaité que nous manifestions ce sentiment. Il était donc normal que j'aie une crise de jalousie si je le soupçonnais de regarder une autre femme. Ce fut très libérateur. Je fus délivrée de mon identité d'intellectuelle libérée ! Je devenais une femme enracinée, passionnée, et cela me plaisait.

J'essayai de donner envie à Luciano de voyager et de vivre des aventures avec moi, mais il n'en vit pas vraiment la possibilité. Je me mis alors à rêver de l'épouser et de passer le restant de ma vie en Italie.

Un soir, il arriva à Rome et je le sentis plus ouvert à mon égard que jamais auparavant. Il me parla aussi de notre relation plus sérieusement qu'il ne l'avait jamais fait. Je fus prise de panique. J'eus soudain peur de me laisser piéger et mes sentiments ne m'apparurent plus aussi nets. Il le perçut aussitôt et je le vis se fermer à nouveau.

Je ne sais si la raison en est là où ailleurs, mais peu après, il devint très distant. Il ne fit aucun effort pour communiquer et, à cause de la barrière des langues, il était d'une impossibilité frustrante de se comprendre si les deux n'y mettaient pas du leur. Lorsque je lui rendis visite pour faire le point, il adopta une conduite bizarre. Je descendis à l'hôtel et le vis à peine. Finalement, il me laissa un message à la réception, m'informant qu'il était désolé, mais ne pouvait plus continuer à me voir.

Ce fut un choc. Je me sentis complètement seule et abandonnée. Je crus en mourir. La profondeur de mes sentiments pour lui et la douleur de l'abandon étaient trop forts.

J'avais passé presque un an en Italie et projetais d'y rester davantage, mais ma mère me proposa de me payer le voyage si je voulais rentrer pour lui rendre visite. Je pris donc un avion et me retrouvai sur un siège, abattue, regardant dans le vide tandis qu'il volait vers les Etats-Unis. Je ne revis jamais Luciano, mais jamais je ne l'oublierai.

VOYAGES AUTOUR DU MONDE

Durant mon séjour en Italie, je reçus une lettre passionnante; ma mère m'y racontait une séminaire auquel elle avait participé, appelé Silva Mind Control. Elle avait appris des techniques avec lesquelles on imagine ce que l'on désire, afin que cela se réalise ensuite. Sous la plume de ma mère si rationnelle, de telles idées paraissaient extraordinaires. Je me rappelle encore le bond que fit mon coeur dans ma poitrine. Quelque part au fond de moi je savais depuis mon enfance qu'il existait une magie de ce genre, et ce que ma mère me racontait semblait magique ! Elle était tellement enthousiaste qu'elle m'offrait le retour en Californie, où elle vivait désormais, et le cours de Silva Mind Control. J'acceptai sa proposition.

Le cours durait une semaine — cinq soirées plus le weekend. Il commença de manière très rationnelle et scientifique, l'enseignant expliquant que nous n'utilisons qu'un petit pourcentage de nos capacités mentales et commentant les recherches faites dans ce domaine. Il nous apprit des techniques pour améliorer notre mémoire, nous endormir et nous réveiller, nous rappeler nos rêves, ainsi que des méthodes simples de visualisation. Tout cela était suffisamment logique pour convenir à une personne instruite et rationnelle comme moi et je me détendis donc, oubliant mes peurs et mes doutes, et m'ouvrant à de nouvelles possibilités. Peu à peu, des techniques plus psychiques furent introduites et, à la fin du cours, on nous fit faire l'exercice suivant.

Nous étions par deux. L'un recevait une carte portant le nom et des détails sur une personne réelle souffrant d'une maladie physique. Son ou sa partenaire se mettait dans un état méditatif. La première personne disait le nom, le sexe, l'âge et le lieu de résidence de la personne sur la carte. La seconde personne essayait de se «brancher» et de décrire la nature de la maladie du sujet. Mystérieusement, les gens tombèrent souvent juste ou ne se trompèrent pas de beaucoup. Chacun de nous s'entraîna sur plusieurs «cas».

Cette expérience me fit littéralement éclater l'esprit et tous mes concepts antérieurs sur ce qui était possible. Pour le premier cas sur lequel je travaillai, je tâtonnai mentalement durant quelques minutes, puis donnai la bonne réponse. Ensuite, j'eus l'impression que mon esprit prit un certain pli ou se brancha sur une certaine longueur d'ondes où toute l'information m'était disponible. Mon partenaire me communiquait les données de base concernant une personne et les mots «cancer du foie» ou «allergies», etc., m'apparaissaient. C'était juste à chaque fois. Les gens se mirent à faire cercle autour de moi et me soumirent d'autres cas. Je devinai juste à dix reprises !

Ensuite on nous expliqua pourquoi on utilisait les noms de personnes réelles, souffrant de problèmes réels, pour nous apprendre à faire confiance à notre connaissance intuitive. Les perceptions étaient plus faciles avec des données vitales et importantes qu'avec un jeu sans conséquence comme d'essayer de deviner une couleur ou une forme sur une carte.

Mon expérience me causa un choc. J'étais, semblait-il, très psychique et je ne savais même pas si je croyais à la possibilité de l'être ! Curieusement, je n'essayai jamais de renouveler mon expérience; j'avais peur, je crois. Je n'ai jamais non plus essayé de cultiver mes capacités psychiques pour elles-mêmes, mais elles se sont dévelopéées à travers d'autres travaux.

Ce que j'appris durant ce séminaire me toucha si profondément que je partis aussitôt à San Francisco, où Jose Silva luimême donnait un cours avancé. Les cours Silva m'enseignèrent essentiellement la technique de la visualisation et l'idée selon laquelle nous influençons le cours des événements par ce que nous pensons, imaginons et attendons. Je me mis à pratiquer quotidiennement la méditation et la visualisation et obtins immédiatement de bons résultats pour de petits problèmes de santé, des questions d'argent, des projets de voyages et de petites difficultés avec des gens. Je m'imaginais simplement pendant un certain temps et de manière régulière le résultat que je souhaitais et, le plus souvent, les choses se passaient comme je me les étais représentées.

Ce fut un grand pas en avant pour moi. Je passais d'une conception de la vie comme apparemment absurde, comme une expérience livrée au hasard qui m'«arrivait» et dont je ne pouvais qu'essayer de tirer le meilleur parti, à la reconnaissance du fait que j'exerçais un contrôle et un choix conscients sur ce que je créais pour moi-même. C'était un motif d'exaltation et de pouvoir. Tout un monde nouveau s'était ouvert à moi.

Ce que je souhaitais par-dessus tout — retrouver Luciano — semblait toutefois échapper à mes essais de visualisation. Au moment même où je visualisais, j'en sentais l'inutilité. Je m'aperçus bientôt qu'aussi puissante que soit la technique de visualisation, on ne peut l'utiliser pour provoquer quelque chose qui n'est pas censé se produire. En fait, souvent, plus nous désirons désespérément quelque chose, moins la visualisation est efficace. Le raison en est la peur sous-jacente au désespoir. Il faut d'abord reconnaître cette peur et travailler sur elle afin que le canal soit clair pour créer ou attirer ce que nous désirons. Des années plus tard, je compris que lorsque j'utilise la visualisation, je ne *provoque* rien. Je *dissous seulement ma propre résistance* et permets l'apparition de ce qui correspond à mon intérêt supérieur.

Je me sentais fortement poussée à retourner en Italie, mais sans savoir pourquoi, puisque je n'y avais plus ni travail ni relation. Ayant hérité un millier de dollars à la mort de ma grand-mère, je me servis de cet argent pour repartir à Rome. J'y trouvai un emploi de traductrice dans un bureau et repris des cours de danse. J'étais assez satisfaite de ma vie et ne songeais pas à rentrer aux Etats-Unis. La Sardaigne me manquait et je décidai d'aller y passer quelques jours.

Sur le bateau de nuit qui m'y emmenait, je fus très surprise de rencontrer deux Américains (ils étaient rares en Sardaigne). Ils s'y rendaient pour la première fois et je me proposai comme guide.

David et Clemente étaient tous les deux particulièrement séduisants et de bonne compagnie et j'appréciai de me retrouver à nouveau avec des Américains. Je pouvais discuter de tout avec eux sans effort. Notre voyage fut agréable et lorsque nous arrivâmes dans mon vieux fief de Villasimius, une liaison se noua entre David et moi. (Je m'interrogeai sur la magie de ce lieu où je tombais amoureuse pour la troisième fois.)

Après que nous eûmes exploré la Sardaigne, David me proposa de partir en Inde avec Clemente et lui-même. Tout d'abord, j'hésitai. Je n'avais pas le désir conscient de me rendre en Inde et j'avais même un peu peur. Par ailleurs, David me plaisait vraiment beaucoup et je n'avais rien de spécial à faire. Finalement, ayant acheté une vieille camionnette Volkswagen, l'ayant dotée d'un lit et d'une gazinière de camping, nous nous mîmes en route — David et moi dans notre camionnette et Clemente sur sa moto.

Voyage en Orient

Le voyage d'Europe en Inde constitue l'une des plus stupéfiantes aventures de ma vie. Je ne regrette pas de l'avoir fait car ce n'est plus aussi facile aujourd'hui. Nous traversâmes la Grèce, la Turquie, l'Iran, l'Afghanistan et le Pakistan. Partis à la fin septembre, nous arrivâmes en Inde à l'époque de Noël. Ce voyage pourrait remplir un livre à lui seul, mais je me contenterai d'évoquer ici quelques souvenirs.

L'immensité du ciel m'impressionna plus que tout. Traversant des milliers de kilomètres, de désert principalement, nous pouvions voir d'un horizon à l'autre et sur 360 degrés.

Voici quelques scènes étonnantes, intemporelles, à couper le souffle.

En Turquie, un vieil homme à la barbe grisonnante parcourt à dos d'âne une piste dans le désert et une femme voilée marche derrière lui.

A Istanbul, nous nous rendons dans un bain turc — un immense et ancien palais de marbre plein de vapeur où des femmes très en chair sont là pour nous masser.

En Iran, un groupe de nomades vêtus de riches habits rouges traversent le désert avec des troupeaux de chameaux.

Téhéran, ville de contrastes stupéfiants : des constructions des plus modernes, élégantes, de style occidental et les pires problèmes de circulation; et, à juste quelques kilomètres à l'extérieur de la ville, des villages de petites huttes rondes en terre battue dont les habitants lavent leurs vêtements et leur vaisselle dans la rivière.

En Afghanistan, des hommes appartenant à des tribus, avançant à travers le désert dans de longues robes flottantes, l'air farouche et portant des fusils.

Dans les villes, nous prenions, David et moi, des logements bon marché et nous vivions dans notre camionnette le reste du temps. Nous retrouvions Clemente à peu près tous les deux jours. Entre temps, il faisait beaucoup de kilomètres supplémentaires d'exploration.

David venait d'une riche famille d'intellectuels de Boston. Il avait exercé la même profession que ma mère, mais se sentant frustré et écrasé par une manière de vivre trop conventionnelle, il venait de quitter son emploi, sa femme et son jeune fils pour se mettre à la recherche de ce qui manquait dans sa vie.

Il fut un merveilleux compagnon de voyage, non seulement intelligent et cultivé, mais aussi curieux de tout. Il compte parmi les gens les plus créatifs que j'ai connus. Il adorait trouver des solutions mettant en jeu l'imagination pour chaque problème que nous rencontrions (et les occasions étaient nombreuses !) Il ne se contenta pas de réussir à maintenir la camionnette en état de marche (ce qui n'était déjà pas rien), mais il prépara de délicieux repas à partir de ce qu'il trouvait chez les autochtones (et les récoltes étaient parfois maigres). Par ailleurs, il me tint en permanence informée de ses recherches sur les coutumes locales, les curiosités touristiques, les religions, etc.

Ce voyage fut à la fois exaltant et éreintant et nous commencions à être fatigués lorsque nous arrivâmes au Pakistan. Là, nous vendîmes notre cher véhicule, car il était illégal de l'importer en Inde. Pour ce faire, David dut avoir de nombreuses conversations chuchotées avec des hommes insaisissables à la peau sombre qui jaillissaient de derrière des buissons ou des bâtiments. Finalement nous la vendîmes le prix que nous l'avions payée. Après lui avoir fait tristement nos adieux, nous la laissâmes garée dans le garage d'une riche maison pakistanaise. Nos bagages de nouveau sur notre dos et notre petite Daphne, la chienne que nous avions adoptée en cours de route dans nos bras, nous montâmes dans le train pour l'Inde.

L'Inde

Nous arrivâmes à Delhi à la mi-décembre, épuisés par notre périple. Nos relations devenaient très tendues. Il faisait froid au nord de l'Inde et nous n'avions pas de vêtements adéquats. Depuis que nous n'avions plus de camionnette, nous rencontrions des difficultés pour emmener Daphne dans les trains et les hôtels. Clemente était parti de son côté et David était perturbé. Il se culpabilisait d'avoir abandonné femme et enfant pour partir seul à l'aventure dans le monde et d'avoir en fait créé une autre femme (moi) et un autre enfant (Daphne).

Nous fûmes obligés de trouver un nouveau foyer à la petite chienne et nous la laissâmes à une riche Indienne qui paraissait l'avoir prise en affection. J'en avais le coeur brisé, mais je ne voyais pas d'autre solution. (Quelques années plus tard, quand ma mère alla en Inde, elle rendit visite à Daphne et m'assura qu'elle se portait très bien.)

Je ne regrette pas d'être venue en Inde par la voie terrestre. Je me demande comment les gens qui arrivent en avion des Etats-Unis peuvent supporter le choc culturel. J'avais eu trois mois pour faire la transition et pourtant il me fallut m'adapter à l'Inde. Quelle cohue, quelle crasse, quelle pauvreté agressive ! Je finis par m'habituer à l'odeur d'excréments humains, parce qu'elle était partout dans les villes (les gens vivant dans la rue ne disposent pas de toilettes). Je vis d'innombrables difformités humaines et David croisa plusieurs cadavres dans les rues.

Il y avait néanmoins une beauté presque incroyable à laquelle je devins de plus en plus sensible. Pour découvrir l'Inde, il faut comme fermer partiellement nos yeux extérieurs pour permettre à un oeil intérieur de s'ouvrir. La culture indienne repose sur une base spirituelle et renie la réalité de la forme, ce qui explique pourquoi la forme y est en aussi triste état ! A l'opposé, la culture occidentale, basée sur la forme, a grandement renié l'esprit, d'où notre richesse technologique et notre pauvreté spirituelle. Les deux cultures sont déséquilibrées et se détruiront elles-mêmes si elles n'arrivent pas à l'intégration. C'est la raison pour laquelle l'Orient et l'Occident doivent maintenant prendre des leçons l'un de l'autre.

L'Inde se révéla un étonnant enseignant de l'esprit pour mon cerveau occidental. Je sentis quelque chose s'ouvrir peu à peu en moi pour percevoir la richesse d'une autre réalité. Le film de Louis Malle, *L'Inde fantôme,* nous donne une belle illustration visuelle de ce processus. Dans ce documentaire de six heures, un metteur en scène occidental arrive en Inde et, horrifié tout d'abord par le chaos et la pauvreté, il ne pense qu'à la situation politique et aux solutions possibles aux problèmes. Peu à peu toutefois, il commence à se détendre et à s'ouvrir à d'autres aspects de l'expérience. La partie centrale du film se pare d'une sorte de qualité de transe tandis que l'homme part à pied à travers le sud de l'Inde avec une simple caméra qu'il tient à la main et va pleinement à la rencontre de chaque instant, réellement réceptif à la beauté de tout ce qui l'entoure. A la fin de ce voyage, il se reprend et sort de cette transe, mais elle l'a à l'évidence changé.

Beaucoup de gens m'ont demandé avec quels gourous j'ai étudié en Inde. En fait, je ne me suis pas rendue auprès de maîtres spirituels. Il me semble que l'esprit de l'Inde elle-même a été mon gourou.

J'étais venue dans ce pays avec un sac à dos plein de vêtements et je ne tardai pas à me rendre compte que j'en avais trop. Je vendis le sac et la plupart des vêtements et achetai un petit sac à bandoulière en tissu qui pouvait contenir une brosse à dents, des sous-vêtements et un corsage (je ne gardai qu'une jupe et deux corsages). En dehors de cela, mes possessions se limitaient à un rouleau d'étoffe épaisse qui me servait de matelas. J'appréciai le sentiment de liberté que me donnait le fait de n'avoir presque rien, de n'être pas entravée par des «affaires». Et j'aimais cette impression de pouvoir survivre avec presque rien. Mon esprit y trouvait la liberté car je pouvais aller n'importe où, n'importe quand. Je me sentais naturelle et je me retrouvais, comme si j'avais déjà vécu ainsi. Je me demandai si, dans une autre vie, je n'avais pas été un saddhu errant, l'un de ces saints indiens qui donnent tout ce qu'ils possèdent et partent sur les routes, confiants de pouvoir vivre de ce que la vie leur apporte.

Interlude à Goa

Après avoir exploré Bombay, nous prîmes le bateau pour Goa, qui offre, en bordure de l'océan, des kilomètres de belles plages tropicales et de petits villages nichés dans la jungle. Les gens de Goa se montraient étonnamment cordiaux et ouverts. De ce fait, l'endroit était devenu un havre pour les hippies occidentaux qui habitaient sur les plages ou dans les villages et se promenaient en tenue d'Eve et d'Adam. Pour cinq dollars par mois, il était possible de louer une maison, de se nourrir copieusement de fruits tropicaux et de poissons frais, sans jamais manquer de marijuana ni de hachisch.

Nous louâmes, David et moi, pour dix dollars par mois une maison parmi les plus grandes, comportant une pièce spacieuse, un coin cuisine et une belle véranda. Il y faisait bon de nuit comme de jour. Nous avions à quelques pas de chez nous une plage magnifique et une petite échoppe de thé qui vendait des plats délicieux.

C'était le paradis. Il n'y avait absolument rien d'autre à faire à Goa que de se reposer et nous commençâmes donc à nous remettre de notre dur voyage.

Pour aller de là où nous vivions jusqu'en ville, il fallait faire plusieurs kilomètres sur un sentier (il n'y avait pas de route et aucun véhicule ne pouvait atteindre notre village dans la jungle). Ensuite, nous devions encore passer à gué une rivière qui se jetait dans l'océan. Quand nous arrivions à marée montante, il ne nous restait plus qu'à traverser à la nage. Si nous revenions de la ville avec des emplettes, nous étions tout simplement obligés d'attendre quelques heures la marée descendante.

Je fis ainsi pour la première fois l'expérience de m'ajuster complètement aux rythmes de la nature et j'aimais me sentir naturelle et en harmonie avec la terre plutôt que séparée de la nature comme durant la majeure partie de ma vie. Depuis lors, j'ai très envie de retourner vivre en un lieu que je ne pourrais atteindre qu'en traversant une rivière.

Je refais souvent un rêve dans lequel je me rends dans un endroit qui n'est accessible qu'à la nage. Je ne peux donc rien emporter avec moi. Dans ce rêve, j'ai l'impression que cet endroit est incroyablement magique et merveilleux et que je vais enfin arriver chez moi.

La vie à Goa était belle, mais mes rapports avec David devenaient de plus en plus difficiles. Il se sentait prisonnier et éprouvait à mon égard un ressentiment croissant. Nous décidâmes finalement qu'il devait aller de son côté un certain temps, tandis que je restais à Goa, et que nous nous retrouverions à Madras un mois plus tard.

En Inde et plus loin encore

Le temps s'écoula agréablement à Goa, et au jour prévu, je partis pour un long trajet en train jusqu'à Madras. J'y retrouvai David à qui j'avais beaucoup manqué et qui désirait continuer à voyager avec moi.

L'hindouisme commença à nous fasciner. David dévorait tous les livres qui lui tombaient sous la main et me faisait bénéficier de ce qu'il y apprenait. Il s'agit d'une religion ancienne et complexe que l'on ne peut comprendre vraiment en quelques lectures. Au contact des temples et des sculptures, nous nous en rapprochâmes davantage. Jamais aucune religion ne m'avait autant touchée.

L'hindouisme a une trinité : Brahma le créateur, Vishnou le protecteur et Shiva le destructeur, ainsi que de nombreuses divinités moins importantes. Des dieux tels que Rama et Krishna sont des aspects de Vishnou. La plupart des familles indiennes vouent essentiellement un culte à Vishnou dans l'un de ses aspects ou à Shiva. Shiva nous attirait, David et moi, invinciblement.

Shiva représente le principe du changement : tout meurt sans cesse afin de renaître. On dit que la danse de Shiva maintient l'univers en mouvement. Shiva nous enseigne à toujours lâcher prise, car s'accrocher au connu revient à résister au courant naturel de la vie. Si nous pouvons aller avec le changement, la béatitude est nôtre. En Inde, les plus grands dévots de Shiva renoncent à toutes leurs possessions et partent sur les routes, expérimentant la vie comme elle se présente à eux. Shiva est également le seigneur de la danse et de la musique et, lors de tout spectacle, un autel est dressé pour lui sur la scène.

A Bénarès, la ville sainte de l'hindouisme, j'eus une sorte d'expérience directe de Shiva. Nous étions en bateau, David et moi, sur le Gange, le fleuve sacré. J'entrai dans un état de transe et commençai à ressentir une présence très puissante que j'identifiai comme étant Shiva. Aucun mot ne fut prononcé et il ne se passa rien de plus, mais l'expérience me toucha et, depuis ce jour, je me sens fortement reliée à l'énergie de Shiva.

Calcutta fut ensuite notre dernière étape indienne avant de nous envoler vers Katmandu au Népal. Il nous avait fallu trois mois pour arriver jusqu'en Inde où nous en avions passé quatre autres et nous étions fatigués et un peu amaigris. Nos finances fondaient et le moment nous parut venu de partir pour le Japon où l'on pouvait, à ce que nous avions entendu, gagner sa vie en enseignant l'anglais. Nous fîmes escale à Rangoon, Bangkok, Hong Kong et Tokyo, passant une semaine à chaque endroit. Ces étapes nous permirent de nous réadapter progressivement au monde moderne et argenté. Nous n'étions toutefois pas préparés pour le choc que constitua Tokyo, qui atteignait un tel développement technologique qu'il nous sembla arriver au milieu d'un film de science-fiction. Nous avions le mal du pays et ne désirions pas rester au Japon. Nous n'avions cependant pas d'argent pour rentrer. C'est alors, coïncidence, que le père de David tomba malade et que sa famille lui demanda de revenir. Il reçut un billet à plein tarif que nous pûmes revendre pour acheter deux billets à tarif réduit.

J'avais passé deux ans en Europe et à voyager autour du monde avec à peine plus de deux mille dollars en tout et pour tout. Ce périple m'avait transformée. J'avais appris à vivre dans l'instant, à ne m'accrocher à rien et à faire confiance à moi-même et au pouvoir de l'univers.

LA QUÊTE DE LA CONSCIENCE

David retrouva sa famille sur la côte est tandis que j'allai chez ma mère, à Fresno, en Californie. Je passai un mois chez elle à récupérer après mon voyage et à réfléchir à l'orientation de mon avenir.

J'étais totalement mordue par le virus de la conscience. Je n'aurais pas su tout à fait définir la conscience, mais rien ne me tenait autant à coeur qu'elle, je le savais. Je me rendais compte que plus j'étais consciente, plus les choses s'arrangeaient automatiquement dans ma vie, alors que sans conscience, de toute façon, rien n'avait d'importance. J'en conclus donc que plutôt que de courir après l'éducation, une carrière ou une relation, je n'avais qu'à me mettre uniquement en quête de conscience et laisser les choses s'organiser d'elles-mêmes. Et c'est exactement ce qui se passa. Depuis cette époque, mon engagement numéro un et ma première priorité ont été d'aller dans le sens de ce que je sentais intuitivement nécessaire à ma croissance personnelle, même lorsque je ne comprenais pas tout à fait pourquoi. Il a résulté de ce profond engagement que j'ai été aidée à chaque pas. En fait, le succès est venu à moi comme conséquence de ma confiance en mon intuition et de mon obéissance à mon coeur.

Living Love Center (le centre de l'amour vivant)

Pendant mon séjour à Fresno, une amie de ma mère me prêta le livre *Manuel pour une conscience supérieure,* de Ken Keyes Jr. Je le dévorai littéralement. J'avais l'impression qu'il s'adressait directement à moi et il m'influença profondément. Je vis en fin de livre que Ken avait un centre à Berkeley où il donnait des séminaires et je me promis de me renseigner.

Lorsque David revint en Californie, nous décidâmes de nous installer dans la baie de San Francisco qui semblait être le centre du monde métaphysique.

Nous trouvâmes un minuscule studio à Berkeley.

Le Living Love Center de Ken Keyes se trouvait non loin de chez nous, de l'autre côté du campus de l'Université de Californie, dans une vieille maison communautaire. Elle comptait une vingtaine de chambres, occupées par l'équipe du Centre, et un immense salon où avaient lieu les séminaires, dont celui auquel nous participâmes. Ce fut un séminaire très intense. La philosophie de Ken tournait autour de l'idée que presque tout ce que nous faisons dans la vie est motivé par notre dépendance à avoir les choses telles que nous les voulons. Cela nous rend très malheureux car nous n'avons en général pas assez de contrôle sur les choses pour être satisfaits. Ken essayait de nous apprendre à «reprogrammer» nos dépendances en préférences, afin que nous puissions être heureux dans n'importe quelle circonstance. Durant le séminaire, nous travaillâmes aussi sur les problèmes spécifiques que nous rencontrions dans nos vies afin de découvrir les dépendances sous-jacentes et élaborer ensuite les «formules de reprogrammation» à nous dire afin de changer notre manière de voir les choses.

Par exemple, si ma relation n'était pas bonne (c'était le cas), peut-être allais-je m'apercevoir que j'avais un désir dépendant que David se comporte de telle façon pour que j'ai bonne opinion de moi (c'était encore le cas). Ma formule de reprogrammation était alors : «Je n'ai pas besoin que David se comporte d'une façon définie. Je m'aime telle que je suis.»

Le séminaire suscitait beaucoup de larmes et de décharges

émotionnelles et, lorsqu'il se termina, chacun se sentait incroyablement proche des autres. Nos coeurs étaient grands ouverts et nous étions emplis d'amour et de joie. Ce séminaire me rappela le groupe d'encounter auquel j'avais participé à Reed et constitua ma meilleure expérience dans ce domaine à ce jour.

A la fin du séminaire, David décida de poser sa candidature pour faire partie du Centre. Il fut accepté presque aussitôt. Je voulus en faire de même, mais il n'y avait pas d'autre place disponible dans l'immédiat.

Pendant un certain temps, David se partagea entre notre appartement et le Centre, mais il devenait chaque jour plus distant. Je me sentais abandonnée et anéantie, mais je faisais de mon mieux pour utiliser mes nouveaux outils face à cette situation. Je fis beaucoup de «reprogrammation», m'efforçant de lâcher prise par rapport à David. Cela me fut d'une certaine aide, mais je n'échappai pas au trouble et à la souffrance.

J'assistai à un autre séminaire au Centre — le degré avancé. Il n'était pas animé par Ken, mais par Tolly. Nous étions cinquante et une chose me marqua. A un certain moment, Tolly nous demanda de nous déshabiller. Ensuite, chacun dut aller au centre de la pièce et dire aux autres ce qu'il aimait et n'aimait pas de son corps. Je ne sais toujours pas comment j'ai réussi à vivre cette expérience, mais à cette époque j'étais prête à faire pratiquement n'importe quoi si j'y voyais une occasion de grandir. En fait, ce fut un moment très fort. Il ne nous semblait plus avoir grand-chose à cacher ensuite et le groupe atteignit un niveau d'honnêteté et d'intimité riche d'enseignements. (Toutefois, le Centre abandonna par la suite cette méthode.)

Nous décidâmes, David et moi, de mettre un terme à notre relation amoureuse, tout en continuant cependant à nous voir continuellement au Centre. J'avais le coeur brisé, mais je savais que c'était mieux ainsi. D'ailleurs, mes sentiments ne me tourmentèrent pas très longtemps car, quelques jours plus tard, je tombai passionnément amoureuse de Marc Allen, un musicien de l'équipe du Living Love Center.

Peu après, il y eut une place à pourvoir et je vins m'installer au Centre et vivre avec Marc.

J'étais émerveillée d'avoir trouvé un lieu aussi porteur. La maison en elle-même ne manquait pas de charme, elle était confortable et bénéficiait d'une bonne organisation. Nous y mangions une cuisine végétarienne délicieuse, nos besoins de base y étaient assurés et tout le monde s'y dédiait à son développement, ce qui garantissait donc un soutien total dans ce domaine. L'amour et l'attention s'y trouvaient en abondance, ainsi que le partage émotionnel et spirituel à un niveau profond.

Chaque membre de l'équipe assurait des tâches spécifiques : travail à la cuisine, entretien de la maison, assistance pendant les séminaires, travail dans le secteur des publications. En échange de notre travail, nous étions logés, nourris et recevions un petit peu d'argent de poche.

Nous suivions tous un programme quotidien. Tôt le matin, une cloche nous réveillait et nous nous réunissions dans le salon pour des exercices d'étirement et une méditation, avec l'accompagnement d'une musique douce. J'aimai beaucoup ce moment qui constituait une profonde expérience spirituelle. Puis nous prenions notre petit déjeuner et accomplissions notre travail durant une période de «karma-yoga» de quatre heures. L'après-midi, après le déjeuner, nous suivions la formation destinée à l'équipe. Une animatrice interne nous enseignait diverses méthodes pour travailler sur nos propres problèmes émotionnels, ce qui se terminait presque toujours avec la «reprogrammation de nos dépendances».

Ken estimait que la façon la plus efficace d'utiliser les formules de reprogrammation consistait à les crier à maintes et maintes reprises. Naturellement, les voisins ne tardèrent pas à se rebeller contre ce procédé et il fallut en mettre un autre au point. Pour crier nos formules de reprogrammation, nous disposions d'un grand seau en plastique au fond duquel se trouvait une éponge. Nous avions découvert que l'éponge étouffait le bruit, seul celui qui criait s'entendait. Comme nous étions assis par terre, il nous suffisait de nous agenouiller et de mettre la tête dans le seau pour faire notre reprogrammation. Cela devait constituer un spectacle très étrange : une pièce pleine de gens à genoux, la tête dans un seau, en train de crier des choses comme : «Je n'ai besoin de l'approbation de personne ! Je suis bien comme je suis !»

Je travaillais dans le secteur livres pour la publicité des ouvrages de Ken. A l'époque, je ne voyais là qu'un emploi me permettant de vivre au Centre, mais, avec le recul, je me rends compte que j'appris beaucoup de choses qui me servirent par la suite pour faire tourner une maison d'édition.

Ken avait été courtier dans l'immobilier en Floride avant de s'impliquer dans le mouvement pour la conscience et c'était un homme d'affaires habile. La maison ne lui avait pas coûté cher à l'achat et, grâce à notre travail, il faisait fonctionner sa maison d'édition et son organisation de séminaires à peu de frais. Toutefois, il ne s'enrichissait pas personnellement, il s'était engagé à servir l'humanité et vendait ses livres et proposait ses séminaires aux prix les plus bas possibles — afin que tout le monde puisse y avoir accès. La polio l'avait frappé jeune homme et il était confiné à son fauteuil roulant, ne pouvant pas du tout se servir de ses jambes et n'ayant qu'un usage limité de ses bras et de ses mains. Il lui fallait une assistance constante dans la vie quotidienne. Cette impuissance et cette dépendance le mettaient dans une position d'insécurité, aussi aimait-il à être entouré d'une grande famille lui garantissant que tous ses besoins seraient satisfaits et qu'il ne risquait pas d'être abandonné.

Quant à nous, de notre côté, nous nous sentions tout aussi dépendants de la sécurité qu'il nous apportait au Centre. Nous étions tous dépendants par rapport au fait de vivre au Centre; la pensée de devoir retourner dans le «monde extérieur» et recommencer à lutter pour vivre nous était insupportable. Je me rends compte rétrospectivement que je vivais alors l'un de mes besoins d'enfance inconscients par rapport à un foyer sûr et une famille. Ce fut pour moi une source de guérison importante.

Il régnait à l'époque au Centre une atmosphère très libre et ouverte. Des animateurs invités nous proposaient des introductions et des séminaires concernant diverses disciplines spirituelles et psychologiques. Nous faisions tous l'expérience de différentes philosophies et façons de vivre. La créativité était florissante. Les deux musiciens de l'équipe, Marc Allen et Summer Raven, composaient quotidiennement des chansons et de la musique pour refléter ces expériences. La musique constitua un plus pour moi.

Cet environnement très actif attira beaucoup de gens intéressants. Je nouai des relations très profondes avec nombre d'entre eux, en particulier avec Marc. Il ne voulait toutefois pas s'engager dans la monogamie. Il me fit part de son désir d'une «relation ouverte» — consistant à vivre ensemble, mais en acceptant l'idée d'avoir d'autres amants, si et quand nous le souhaitions. J'acceptai, en partie pour pouvoir être avec lui et en partie par curiosité et pour essayer quelque chose de différent. Nous partagions l'idéal spirituel de nous aimer l'un l'autre de manière inconditionnelle et d'aimer aussi les autres. Hélas, je le découvris dans la souffrance, il y avait loin entre l'idéal spirituel et la réalité humaine.

Nous disposions, Marc et moi, d'une jolie chambre au deuxième étage du Centre. Durant les premiers mois, notre «relation ouverte» se résuma essentiellement à ses courtes aventures avec d'autres femmes. Il ne les prenait apparemment pas au sérieux et souhaitait vivre avec moi, mais j'en étais folle de jalousie. Puisque, selon Ken, nous devions pouvoir nous libérer des émotions «négatives» pénibles, je passais mon temps à essayer de me reprogrammer pour ne pas être jalouse. Il m'arrivait de me lever en pleine nuit, parce que Marc était avec une autre femme, et de descendre chercher dans la cuisine un «seau de reprogrammation» pour crier dedans : «Je n'ai pas besoin de l'amour de Marc pour être heureuse. Je suis heureuse telle que je suis !» Cela ne m'aida pas beaucoup, mais j'espérais parvenir à un résultat avec le temps.

Lorsque Marc dut s'absenter pendant quelques mois, j'eus une liaison plutôt agréable avec un autre homme du Centre. Je fus ravie de la jalousie de Marc à son retour. Cependant, ne pouvant conjuguer les deux relations, je revins à lui.

Je reçus de lui une chose importante : mon nom. Je lui avais parlé de mon voyage en Inde et de ma passion pour le dieu Shiva, aussi commença-t-il à m'appeler Shakti (l'aspect féminin de

Shiva). Shakti est la force vitale, la puissance, l'énergie de l'univers. Dans la pratique traditionnelle du tantra, Shiva est l'énergie masculine et Shakti, l'énergie féminine. Le nom m'allait bien et les gens ne tardèrent pas à l'utiliser. Je l'ai toujours gardé depuis.

Quant à Gawain, soit dit en passant, c'est le nom de famille que je porte depuis ma naissance, le même que celui de Messire Gawain de la légende du roi Arthur. L'équilibre me paraît bon : Shakti représente mon énergie féminine et Gawain mon énergie masculine.

Le désir me vint de m'impliquer dans l'animation des séminaires. Deva Lewis, qui était l'animatrice interne, me reconnut un certain talent dans ce domaine et m'encouragea à développer mes capacités. Mais Ken n'avait pas beaucoup d'affinités avec moi et il ne s'intéressa pas à moi comme animatrice potentielle.

En fait, je n'étais plus tout à fait à l'aise avec la philosophie. Je ne m'étais jamais sentie bien avec Ken et il me semblait qu'il avait utilisé ses propres méthodes pour réprimer nombre de ses sentiments. Il essayait toujours de se montrer aimant, mais je n'y croyais pas. En travaillant profondément sur moi et avec d'autres gens, je m'aperçus peu à peu qu'il n'est pas possible, ni sain psychologiquement, de vouloir changer nos soi-disant émotions «négatives» en les «reprogrammant». Nous, les membres de l'équipe, nous re-modélions progressivement la philosophie, en mettant l'accent sur apprendre à aimer et à nous accepter, nous-mêmes et nos sentiments, ce qui était plus sain. Ken était d'une certaine manière ouvert à ces changements et il en intégra certains dans son enseignement.

Avec le printemps, le Centre passa un nouveau cap. Ken estima tout à coup qu'il y avait trop de laisser aller et instaura un important changement structurel. Au lieu d'être des membres du personnel, la plupart d'entre nous devinrent des étudiants dans le cadre d'un programme de trois mois qu'il voulait inaugurer. Nous devions suivre des règles très strictes, notre liberté et notre créativité furent très brimées. Bien sûr, nous pouvions partir, mais personne n'y était encore prêt.

L'une des plus étranges étapes de ce nouveau système fut les quinze jours où Ken nous fit jouer le «jeu» suivant. Nous avions chacun un partenaire, choisi au hasard en dessinant un chiffre, et nous devions passer trois jours avec cette personne. Pour que nous ne puissions pas nous écarter de plus d'un mètre, nous nous attachions par le bras avec de la ficelle. Nous étions donc obligés de dormir, manger, faire notre toilette et tout le reste (nous n'étions toutefois pas censés avoir des relations sexuelles) à pas plus d'un mètre l'un de l'autre. Les salles de bains du Centre étaient communes et nous avions déjà l'habitude de nous doucher les uns devant les autres et de vivre dans une certaine intimité, ce qui nous aida. Après trois jours, nous changions de partenaire, et cela pendant deux semaines.

Ce jeu avait pour objectif de nous confronter à nos problèmes. L'idéal était de pouvoir vivre harmonieusement avec n'importe qui et cette situation nous montrait ce qui nous en rendait incapables. Hélas, le besoin humain naturel d'espace physique et émotionnel, de choix et de liberté n'était pas pris en compte. De même que bien des choses que nous tentions de réaliser, il s'agissait d'une belle idée intellectuelle, mais la réalité constituait une autre affaire. La plupart du temps, je me sentis prise au piège. Je ne regrette toutefois pas cette expérience, ni tant d'autres que je fis à cette époque. Ce qui m'arriva de mieux à cette occasion fut d'avoir pour dernier partenaire un très bel homme. Le temps que nous passâmes ensemble déboucha sur l'aventure que j'eus durant l'absence de Marc.

De toute évidence, le moment de quitter le Centre était arrivé. Je finis par regarder la réalité en face. Marc et d'autres musiciens avaient un contrat avec Ken pour enregistrer un disque, ce qui leur garantissait des revenus pour un certain temps. Ainsi, nous partîmes tout un groupe et louâmes une grande maison à Berkeley.

La maison Whatever

Les musiciens travaillèrent pour ce disque durant presque toute l'année suivante. Ils répétèrent dans le sous-sol insonorisé tandis que je jouais à la maîtresse de maison, achetant la nourriture, faisant la cuisine et entretenant les lieux. Pour diminuer nos frais, nous accueillîmes d'autres personnes (de nouveaux réfugiés du Centre) et nous fûmes finalement plus d'une douzaine dans la maison «Whatever», baptisée d'après une phrase que Marc se plaisait à répéter : «Tout ce qui arrive est toujours parfait» (Whatever happens...). Heureusement, cette maison était vaste et belle et nous avions l'habitude de la promiscuité.

C'est dans cette maison que je donnai mon premier séminaire, tout à fait par hasard. Tolly, l'ex-animateur du Living Love Center, nous demanda l'autorisation d'organiser un séminaire de week-end et proposa à Marc et à moi-même de lui servir d'assistants. Devant son succès, il décida d'en organiser un autre, de quatre jours. Nous devions à nouveau l'assister. Lorsque le moment arriva, Tolly traversait des problèmes émotionnels et ne se sentit pas capable d'animer. Il nous suggéra de prendre sa place.

Marc avait un passé théâtral qui lui permettait d'improviser dans différentes situations, aussi accepta-t-il la proposition. Quoique sans aucune préparation, je voulus bien tenter l'aventure. Je ne me rappelle vraiment pas ce que nous avons bien pu faire, mais je sais une chose : ces quatre jours durèrent une éternité et, la majeure partie du temps, je ne fus pas consciente de ce que je faisais. Non seulement je coanimai le séminaire, mais je préparai aussi les repas pour le groupe ! C'était une situation délirante, mais je m'en sortis. Curieusement, les participants apprécièrent le séminaire. Notre succès nous encouragea et nous décidâmes de continuer — mais sur des week-ends. Ainsi commença mon illustre carrière d'enseignante.

Nous donnâmes encore quelques séminaires dans notre maison, ainsi qu'à Los Angeles. Nous utilisions certaines méthodes du Centre, Marc s'inspirait aussi d'expériences antérieures et, peu à peu, nos propres idées trouvèrent leur place.

Continuant ma quête avide de la vérité, je m'inspirais de tout ce que je lisais pour étoffer mon enseignement. Je lus à cette époque *The nature of personal reality* (La nature de la réalité personnelle) de Jane Roberts et fus très influencée par l'idée que nous créons notre propre réalité. Je la mis au coeur de mes séminaires. J'utilisais les techniques de visualisation apprise aux cours de Silva Mind Control. Je lus aussi les livres de Catherine Ponder et commençai à me servir des affirmations.

Personne ne m'a jamais directement appris à animer des séminaires, mais j'en ai suivi beaucoup et j'ai imité leurs animateurs, en découvrant progressivement ce qui me convenait et ce qui n'était pas pour moi.

Au début, j'avais très peur. La nuit précédant le commencement d'un séminaire, j'avais une crise d'angoisse et je me demandais : «Mon Dieu, que suis-je en train de faire ? Et si je ne sais pas quoi dire ? Et si je ne sais pas quoi faire ?» Sans Marc, je n'aurais jamais osé me lancer, mais il ne cessa d'apaiser mes craintes et de m'encourager. Pendant les séminaires, je n'avais jamais de problème et, en fait, je ne tardai pas à en prendre la direction. Marc ne semblait pas m'en vouloir. Il avait plutôt l'air content de voir émerger mon pouvoir et ne montra jamais le moindre esprit de compétition.

Je me découvris un don pour enseigner. Je réussissais particulièrement bien à faire la synthèse des différentes idées et philosophies que j'assimilais et à en tirer des explications simples et claires que les gens pouvaient aisément comprendre et utiliser. Et j'aimais enseigner. Je trouvais une grande satisfaction dans l'interaction et les échanges avec les gens, ainsi qu'à les voir positivement influencés par ce que je leur communiquais.

Parfois, pendant que j'animais un séminaire, je sentais couler en moi une énergie puissante. Dans ces moments-là, j'avais une impression spéciale de clarté et je m'entendais dire des choses particulièrement profondes ou importantes, auxquelles je n'avais même jamais pensé auparavant. Il me semblait qu'une partie plus sage de moi-même était activée et parlait pour moi. C'était très agréable et j'avais la certitude de faire ce à quoi j'étais destinée.

Nous décidâmes, Marc et moi, d'écrire un petit fascicule contenant nos idées, des méditations et des exercices pour le distribuer aux participants de nos séminaires. Marc le dactylographia et nous en fîmes des photocopies réunies par des agrafes. Quand des amis demandèrent à en acheter des exemplaires, nous commençâmes à le vendre un dollar.

Les Editions Whatever

Le disque fut terminé au printemps 1976 et une nouvelle occasion de créer se présenta immédiatement en Caroline du Nord. J'y suivis Marc jusqu'à l'époque de Noël, époque à laquelle nous décidâmes de revenir en Californie. Nous trouvâmes un studio bon marché dans un vieil immeuble pittoresque d'Oakland.

Très vite, je devins la gardienne de l'immeuble en échange de la gratuité de l'appartement. Au fur et à mesure que les studios se vidaient, je les louai à nos amis et notre vie communautaire se réorganisa. Mais cette fois, chacun avait son espace. C'était l'idéal : la plupart des disputes qui surgissent dans ce genre de vie furent évitées du fait que chacun avait sa cuisine, sa salle de bain et payait ses factures ! Chacun disposait de son chez soi et pouvait en même temps bénéficier de la compagnie des autres simplement en descendant dans le hall. Le seul inconvénient provenait de la situation en pleine circulation et dans le béton, sans rien qui ressemblât à un arbre ou à un jardin. J'aimerais recréer un jour de telles conditions de vie — chaque personne ou couple ayant son propre espace privé, plus des espaces communs pour la vie en société, le tout dans un cadre de beauté naturelle.

Pour subvenir à mes besoins, je fis quelques heures de ménage. Avec le studio gratuit, cela me suffisait. Depuis le secondaire, je faisais de temps en temps des ménages pour avoir de l'argent. C'était assez à mon goût car, dans la plupart des cas, je décidais de mon emploi du temps et je pouvais réfléchir tout en travaillant. Le nettoyage est pour moi un processus méditatif qui permet de se centrer.

Je recommençai à donner des séminaires, parfois avec Marc, parfois seule. Notre amie Deva Lewis, qui avait à l'époque une grande et belle maison à Berkeley, la mettait à notre disposition. Elle reconnut mes talents d'animatrice et m'encouragea beaucoup. Je m'aperçus très vite que je ne devais pas essayer de vivre de mes séminaires car cela me soumettait à une trop grande pression et me rendait nerveuse à la perspective du nombre de participants que j'allais avoir. Je décidai donc de vivre d'autre chose et tout l'argent des séminaires venait en surplus. Ainsi, l'amour, l'inspiration et le désir de partager avec les autres étaient mes seuls motifs pur en donner.

En vérité, comme j'allais le découvrir de plus en plus, j'animai ces séminaires avant tout pour mon propre processus d'apprentissage. Enseigner quelque chose était mon premier moyen de l'apprendre. J'étais toujours poussée à enseigner ce que je voulais le plus apprendre. En discutant et en travaillant un sujet qui m'intéressait, je le comprenais et l'assimilais plus profondément moi-même. Les questions et les problèmes des autres étaient les miroirs des miens et en les aidant, je m'aidais moi-même. J'apprenais à me faire confiance et à me valoriser comme étant quelqu'un qui avait quelque chose d'important à partager.

Marc avait travaillé comme compositeur aux éditions Dharma lorsqu'il était au Centre Tibétain. Il eut la vision qu'il écrivait et publiait des livres. Notre fascicule obtenait toujours un certain succès parmi nos amis et les participants à nos séminaires. Nous décidâmes donc d'en réviser la conception et Marc acheta une vieille machine cliquetante pour le composer. Puis nous empruntâmes un millier de dollars à ma mère pour en faire imprimer et relier mille exemplaires. Nous en apportâmes à la librairie Shambhala qui accepta de les prendre en dépôt. C'était notre premier livre. Whatever Publishing était né.

Un appartement de notre immeuble devint la maison d'édition. Les travaux de maquette avaient lieu dans la cuisine, la composition dans un vestiaire et le studio lui-même était le bureau. Notre ami Jon Bernoff, qui avait vécu avec nous au

Living Love Center, à la maison Whatever et en Caroline du Nord, prit en main l'aspect commercial de la maison d'édition. (Il a changé de nom depuis et s'appelle Sky Canyon.) Marc et lui commencèrent à enregistrer leurs musiques New Age originales («Breathe» et «Petals») et nous créâmes un secteur musical dans notre maison d'édition. Nous avions un fichier de quelques centaines d'amis et de gens qui avaient suivi nos séminaires et nous décidâmes de leur envoyer des catalogues proposant nos produits par correspondance.

La visualisation créatrice

Depuis que j'avais lu *The nature of personal reality,* je nourrissais l'idée d'écrire un petit livre sur des techniques spécifiques pour créer sa réalité telle qu'on la désire. J'utilisais des techniques de visualisation et d'affirmation apprises dans divers séminaires et livres et j'avais envie d'en faire la synthèse dans un manuel facile.

J'en avais d'ailleurs commencé la rédaction en Caroline du Nord mais, ayant été distraite de cette tâche, j'avais mis le manuscrit de côté. A Oakland, je me remis à y travailler et décidai de l'appeler *La visualisation créatrice.* Nous fîmes un petit texte annonçant qu'il allait bientôt sortir et l'offrîmes dans notre catalogue pour deux dollars cinquante. Une douzaine de personnes le commandèrent et le payèrent.

Hélas, je me laissai prendre par mes doutes. «Qui suis-je pour écrire un tel livre ?» pensai-je. «Ma vie est tout sauf parfaite, aussi comment puis-je prétendre apprendre quelque chose à quelqu'un ?» J'arrêtai donc d'écrire pour un temps et m'impliquai dans d'autres activités.

Les gens qui avaient commandé le livre reçurent un mot les informant d'un retard et leur proposant de récupérer leur argent. Ils répondirent tous de le garder et d'envoyer le livre à sa sortie !

Une année entière s'écoula et ces commandes me donnèrent finalement un tel sentiment de culpabilité que je ne voyais pas quoi faire d'autre que d'écrire ce livre. Comme toujours, Marc m'encouragea à ne pas m'inquiéter en voulant atteindre la perfection et à me contenter de préparer mon texte.

Une amie artiste, Lorena Laforest Bass, réalisa une couverture pour cet ouvrage. Je l'affichai au mur et m'en servit comme «carte du trésor» — une technique de visualisation pour imaginer une chose comme étant déjà réalisée. Puis je m'assis pour écrire. En dépit de mes doutes et de mes craintes, je dus reconnaître que j'étais inspirée, que j'avais quelque chose à communiquer et que je ne serais pas satisfaite avant de l'avoir fait. J'écrivis *Techniques de visualisation créatrice* en quelques semaines. Nous fîmes la maquette, la composition et il fut imprimé. Ce fut finalement un vrai livre et non un fascicule et, lorsqu'il sortit, son prix était de quatre dollars quatre-vingt-quinze. Inutile de préciser que les clients du départ le reçurent au prix qu'ils avaient payé ! Sans eux, il n'aurait peut-être jamais été écrit. Un diffuseur de la région, Bookpeople, le prit et commença à le diffuser en librairie dans tout le pays. Lentement, mais régulièrement, les ventes augmentèrent.

Aventures avec des gourous

Je continuai avec ardeur mon voyage dans la conscience en assistant à tous les séminaires et groupes qui m'attiraient. Dans la période qui suivit mon séjour au Living Love Center, je fis quelques expériences intéressantes et traumatisantes avec des enseignants.

Peu après mon départ du Centre, je suivis les séminaires d'une enseignante que j'appellerai Margo. Elle était jeune, belle et brillante. Elle avait réussi dans les affaires avant de rencontrer une femme puissante et assez mystérieuse qui était devenue son maître et l'avait fait entrer dans le monde de la métaphysique. Margo était une animatrice dynamique et persuasive et ses séminaires donnaient de la force. Je les adorai au début, puis vint le temps de la désillusion. D'abord, Margo se prétendait illuminée. Je n'étais pas assez naïve pour la croire. Elle savait s'y prendre, affirmant que nous, ses étudiants, formions l'élite de la conscience du monde. Je la trouvais très excentrique et je me sentis de plus en plus en désaccord avec elle. Finalement, j'abandonnai le groupe.

Plusieurs amis, dont certains très sophistiqués, restèrent très liés à elle pendant des années. Certains se mirent à croire et à proclamer qu'ils étaient illuminés aussi. Au bout du compte, la plupart la quittèrent et durent surmonter l'embarras de découvrir qu'ils étaient encore humains ! Pour certains, ce ne fut pas drôle. Ils furent physiquement malades et il leur fallut des années pour retomber sur leurs pieds. Cela constitua ma première leçon sur la façon dont une lumière apparemment éclatante peut nous plonger dans une terrifiante obscurité si nous donnons trop notre pouvoir à quelqu'un d'autre.

J'assistai aussi à un séminaire de week-end animé par une enseignante connue. Sans être d'accord avec tout ce qu'elle dit, je trouvai son enseignement puissant et j'admirai sa combinaison de force et de vulnérabilité. En fait, je voyais en elle un modèle. Aussi quel ne fut pas mon choc quand, allant vers elle après le séminaire pour la remercier, j'appris que j'étais la seule personne du groupe avec laquelle elle ne se sentait pas claire et que ma présence la mettait mal à l'aise. Je lui demandai pourquoi et, après discussion, elle finit par me dire que j'avais probablement beaucoup d'émotions inexprimées et que j'avais besoin d'être «rolfée». J'étais si désireuse d'entreprendre tout ce qui pourrait m'améliorer que je m'engageai bien volontiers dans une série de dix séances de rolfing, que j'appréciai d'ailleurs et qui me furent bénéfiques. Elles ne me révélèrent toutefois rien sur le plan émotionnel (contrairement à ce qui se passe pour beaucoup de gens). Je ne revis ensuite jamais cette femme et je ne sus donc jamais si ce travail avait amélioré notre relation.

Une autre animatrice fut pour moi un modèle important pendant un certain temps. La première fois que je me rendis à l'un de ses séminaires et que je la vis debout face à un vaste auditoire, rayonnant d'un pouvoir féminin fort, je fus prise du sentiment que j'étais destinée à quelque chose d'analogue. A cette époque, j'avais beaucoup de mal à croire que je pouvais, moi aussi, canaliser ce genre de pouvoir et de chaleur. Je suivis plusieurs de ses séminaires et finis par échanger des heures de ménage contre des séances individuelles avec elle. Malgré toute l'admiration que je lui portais, nous finîmes par nous séparer à cause d'un conflit personnel mineur.

Je commençai à assister à des séminaires donnés par une «entité canalisée» qui délivra des enseignements importants. Elle nous incita à reconnaître que nous étions des êtres magnifiques et que nous nous cachions notre pouvoir à nous-mêmes et aux autres à cause de notre conditionnement. Elle nous encouragea à oser exprimer ce pouvoir et à nous soutenir les uns les autres dans cette démarche.

Cette entité avait en fait attiré un groupe de gens exceptionnellement puissants et conscients et ce que j'appris alors me fut d'un grand profit.

Cette entité était canalisée par un jeune homme très séduisant. Avec le temps, l'entité apparut moins souvent et le canal lui-même commença à délivrer l'enseignement. Les séminaires prenaient de l'envergure; de plus en plus de gens y venaient, l'argent affluait et cet homme subissait de fortes pressions émotionnelles. Il exerçait son pouvoir avec de moins en moins de discernement et finit par montrer qu'il était en voie de devenir égomaniaque.

Je pris mes distances par rapport à lui après un séminaire pendant lequel je lui posai une question et où il se tourna vers moi avec colère en me menaçant de me gifler si je continuai à poser les mauvaises questions. Je sortis dans le hall et m'assis pour sangloter en me demandant ce que j'avais fait de mal ! J'eus en tout cas assez de bon sens pour ne pas revenir. Le groupe se disloqua peu après et le jeune homme disparut.

J'étais de toute évidence à la recherche de modèles et de maîtres, mais cela ne se passait pas très bien. Je répétais les schémas de mon enfance en étant rejetée par certains enseignants. Même si, essentiellement, je les admirais et les mettais sur un piédestal, probablement que, sans le vouloir, je constituais pour eux un défi et les mettais mal à l'aise.

Malgré tout, j'apprenais beaucoup. Je découvrais que des enseignants peuvent posséder des informations très claires et très valables, être très aptes à aider les autres et continuer cependant à se débattre dans la confusion et l'inconscience par rapport à leurs problèmes personnels.

Amants et amis

J'étais liée à la fois à Marc et à Charles, que j'avais rencontré en Caroline du Nord et qui m'avait suivie en Californie. Nous avions mis en place un arrangement bien particulier — chacun de nous avait son propre appartement dans l'immeuble et je partageai mon temps entre chez moi et chez eux. Ce n'était certainement pas conventionnel, ni toujours très facile, mais nous nous y étions tous adaptés. En vérité, à un certain niveau, nous avions tous choisi cette situation parce qu'elle semblait satisfaire nos besoins. Nous avions tous très peur de l'engagement — être prisonnier ou étouffé dans une relation. Et pourtant nous voulions tous de l'amour et de l'intimité. Chacun des hommes gardait du temps pour lui, et il leur en fallait, tout en ayant l'amour d'une femme. J'avais pour ma part de la compagnie et de l'attention sans me sentir piégée dans une seule relation.

J'étais pourtant la proie de la culpabilité et souvent du déchirement. Marc et Charles, en dignes hommes du «nouvel âge», mirent leurs sentiments au clair ensemble jusqu'à un certain niveau et réprimèrent le reste. Ils entretenaient d'une manière générale des liens amicaux et commencèrent même à travailler ensemble.

Charles eut une brève aventure avec Rainbow, une belle femme des Philippines que nous avions connue au Centre. Elle finit par prendre un appartement dans notre immeuble, faire les dessins de mon livre, épouser Jon et devenir l'une de mes meilleures amies. J'avais vécu deux ans avec Marc avant de rencontrer Charles et ma relation avec eux deux continua encore trois ans.

J'avais avec Marc un lien spirituel profond et nous étions très conscients de notre destinée commune. Nous étions tous les deux engagés par rapport à notre vérité intérieure et désireux de prendre des risques pour la vivre. Nous avions tous les deux une vision spirituelle et un intense désir de la partager avec les autres afin d'apporter une contribution valable au monde.

Nous fûmes de merveilleux partenaires dans la création et prenions véritablement plaisir à être le père et la mère de notre maison d'édition, de nos livres, nos cassettes et de tous nos autres «bébés».

Mais notre relation d'amants posait beaucoup plus de problèmes, alors qu'au contraire, Charles satisfaisait mon besoin de contact. Charles avait la capacité de «fusionner» énergétiquement avec sa partenaire — d'atteindre un tel état d'harmonisation qu'il semblait n'y avoir plus qu'une seule énergie en circulation. Je crois que nous excellions tous deux à deviner les besoins et les sentiments de l'autre et à les refléter et c'était comme si nous étions en permanence le miroir l'un de l'autre. Je lui suis très reconnaissante de l'amitié et du soutien que je trouvai chez lui.

En amoureux très sensible de la nature, il m'apprit par exemple à m'ouvrir à elle comme je ne l'avais jamais fait auparavant. J'avais toujours été trop prise par mon intellect pour pouvoir réellement me relier à la nature (à part les animaux). Charles me montra comment voir et sentir la nature avec mon esprit — à percevoir ma connexion avec l'unité de toute vie à travers les plantes, les arbres, les rochers. Cette conscience s'est progressivement développée jusqu'à devenir aujourd'hui pour moi une source essentielle de connexion, de guérison et d'inspiration.

Dans ce domaine, j'appris aussi beaucoup de Rainbow qui était un bel esprit très sensible à celui, joueur et aimant, des plantes et des animaux.

A peu près à cette époque, je rencontrai une autre amie et enseignante importante. Tard un soir, alors que je sortais Alee, le gros chien de Rainbow, un petit chaton moucheté surgit du caniveau et attaqua bravement Alee. Je le ramassai et comme il n'avait pas de collier et se promenait au milieu des voitures, j'obéis à l'impulsion de le ramener chez moi. Considérant son allure de tigre et son tempérament à l'avenant, je l'appelai Tiger Lady. Elle m'a énormément appris sur le fait d'être toujours honnêtement et authentiquement moi-même.

Après trois ans avec deux hommes, je pris conscience de la nécessité d'un changement. Nous semblions tous prisonniers d'une situation sans issue. Et je commençai d'ailleurs à me sentir insatisfaite, avec deux amants ! Je les sentais eux aussi mécontents.

Incapable de choisir entre les deux, j'entrevis la possibilité de rencontrer carrément quelqu'un d'autre. Il ne me fallut pas longtemps pour m'enticher de Robert, avec qui j'eus une aventure brève mais intense qui me servit de catalyseur pour m'extirper de mon triangle. Je commençai par demander à Marc de mettre fin à notre relation amoureuse tout en restant amis et partenaires en affaires. Il fut d'abord peiné, puis accepta avec philosophie, selon son habitude.

Très peu de temps après, il tomba fou amoureux d'une femme jeune et un peu enfant, très mignonne et désirable, qui semblait bien plus à même que moi de s'affirmer et de gérer ses besoins par rapport à lui.

Ce fut mon tour de souffrir — je fus en fait anéantie et brisée. Certes, j'étais à l'origine de notre rupture, mais je n'avais pas lâché prise sur le plan émotionnel. Je me sentis totalement rejetée, surtout que Sharon était mon opposé et semblait incarner toutes les qualités que je ne possédais pas. Je compris toutefois qu'elle était un maître pour moi à cet égard. Elle reflétait certaines qualités qui n'étaient pas développées chez moi, mais que j'aspirais à exprimer — en particulier les parties enfant et femme de moi-même. Je découvris que les autres femmes qui attiraient les hommes de ma vie étaient toujours de puissants miroirs d'un aspect renié de moi-même. En fait, je finissais le plus souvent par devenir leur amie intime dès que le triangle était brisé, ainsi que cela s'était passé avec Rainbow.

Il me fallut toutefois deux ans pour guérir complètement ma blessure émotionnelle par rapport à Marc. Mais maintenant, une quinzaine d'années après notre première rencontre, nous avons un partenariat sur une base d'affection et de soutien mutuel.

Concernant Charles, nous sommes encore restés proches

environ une année, puis nous nous sommes séparés d'une façon naturelle, avec l'impression d'être allés jusqu'au bout.

J'ai tendance à rester étroitement liée avec mes ex-amants. Certaines personnes me taquinent d'ailleurs parce quelques-uns de mes bons amis sont d'ex-amants. Cela peut paraître étrange, mais pour moi, c'est normal. A partir du moment où j'aime quelqu'un, c'est pour toujours. Au fur à mesure que nous évoluons et changeons, la forme de notre relation peut changer, mais la connexion fondamentale reste. Souvent la relation évolue en quelque chose de tout aussi satisfaisant et important, mais d'une manière différente. Cela est peut-être en rapport avec mon sens et mon besoin, très fort, de famille. En rencontrant certaines personnes pour la première fois, à un niveau profond je sais intuitivement si elles font ou non partie de ma famille. En général, je ne me trompe pas, aussi je me trouve entourée par une âme tribale qui ne cesse de s'élargir.

Départ pour Marin

Nous étions las de la jungle de béton et nous nous languissions de verts pâturages. Fin 1979, nous décidâmes de déménager dans le comté de Marin. C'est l'un des rares endroits au monde qui allie la conscience nouvel âge avec un certain niveau de prospérité. J'avais vécu à la limite de la pauvreté et travaillé dur assez longtemps. J'étais disposée à faire l'expérience de plus d'aisance, de beauté et d'abondance.

Nous louâmes une belle maison comptant six chambres dans les collines de Mill Valley. Elle possédait en outre une piscine et un salon qui se prêtait à des séminaires.

Nous entrâmes dans la maison le 31 décembre 1979. Nos chambres venant d'être repeintes, nous passâmes la nuit dans le salon, nous réveillant ensemble à l'aube d'une nouvelle décennie. C'était pour nous la naissance d'une nouvelle ère.

Je n'eus pas de mal à m'adapter à ma nouvelle vie. Je faisais presque chaque jour de longues promenades dans les bois qui entouraient la maison. Le siège de nos éditions se trouvait au bas de la colline, à quelques minutes en voiture. C'était un véritable soulagement d'être pour un temps dégagée de tout violent drame relationnel. La vie ne m'avait pas paru aussi facile depuis de nombreuses années.

Techniques de visualisation créatrice se vendait de plus en plus. En outre, du fait que mes séminaires suscitait un intérêt grandissant et que je disposais désormais d'un bel endroit pour les donner, je me mis à en animer régulièrement.

Les droits d'auteur de mon livre et les séminaires finissaient par me rapporter de petites sommes qui devenaient de plus en plus importantes. Je pus même m'acheter ma première voiture neuve.

Depuis plusieurs années, j'avais très envie d'un enfant, mais ce n'était de toute évidence pas le bon moment. Environ un an après notre installation à Marin, Rainbow fut enceinte et je m'aperçus que le fait d'être proche d'elle pendant la grossesse et l'accouchement comblèrent suffisamment mon propre désir de maternité pour me faire patienter encore quelques années. Je me demandai si l'être qui essayait de venir à travers moi y avait renoncé pour passer plutôt par Rainbow !

Rainbow fut particulièrement belle durant sa grossesse et l'accouchement. Elle était si proche de son corps et de la nature que tout sembla se passer en douceur. Elle accoucha chez nous, parmi nous. Ce premier accouchement auquel j'assistai constitua une expérience extraordinaire. Rainbow sut s'abandonner si profondément à l'intensité de l'expérience qu'elle ne la vécut pas comme douloureuse. Elle ne cria ni ne pleura, mais resta simplement très concentrée durant une douzaine d'heures, avec Jon, la sage-femme et nous autres qui lui donnions amour et soutien. Lorsque le bébé apparut, nous étions tous exaltés comme si nous avions pris de la drogue. Je ressentis réellement de l'énergie spirituelle se déversant depuis l'«autre côté» quand cet être fit sa transition dans le monde physique. Une charmante petite fille nommée Sienna était née.

Peu auparavant, j'avais regardé ma chatte, Tiger Lady, mettre bas. Elle n'avait pas cessé de ronronner. Après les avoir vues, Rainbow et elle, j'eus le sentiment qu'une naissance est censée être une expérience extatique. Sans que ce soit de leur faute, la plupart des femmes d'aujourd'hui ont perdu le contact avec cette capacité de donner la vie facilement et naturellement. Je n'ai pas encore eu d'enfant, mais je tiens à en avoir. Je ne sais pas si je suis aussi bien harmonisée que Rainbow ou Tiger Lady, mais je les remercie d'avoir été des sources d'inspiration.

Shirley

Du temps où j'habitais encore à Oakland, quelqu'un m'avait parlé d'une femme, Shirley Luthman, qui animait chaque semaine un groupe de conscience à Marin. Quelque chose avait aussitôt vibré en moi et j'eus le désir d'aller voir sans attendre.

Le mardi suivant, j'entrai dans le vaste hall d'une belle église à flanc de colline à Marin. Il s'y trouvait une centaine de personnes. Debout devant l'auditoire, une femme parla de manière très libre pendant un moment, puis des gens lui posèrent des questions. La plupart des propos qui furent tenus m'échappèrent, ce qui m'étonna. Je saisis en principe très vite les concepts, mais la terminologie de cette femme m'était partiellement inconnue. Je repartis avec le sentiment de n'avoir pas tout compris, mais j'étais intriguée.

Je revins la semaine suivante.

Cette fois je réussis à monter dans le train et compris parfaitement. Shirley parlait d'avoir confiance en soi, d'avoir confiance en son intuition et d'accepter de lui obéir, de prendre le risque de vivre chaque minute de sa vie à partir de ce lieu de connaissance intérieure et de connexion avec le pouvoir de l'univers. Shirley avait une manière de dire les choses totalement neuve pour moi.

Vers le milieu de la séance de deux heures, mon corps vibrait intensément de toute l'énergie qui le traversait. Cette même énergie vibrait dans toute la pièce. Je repartis exaltée et excitée comme si j'étais enfin arrivée «chez moi».

A partir de ce jour, je revins chaque semaine.

Shirley avait été une thérapeute familiale renommée, auteur de plusieurs livres et fondatrice d'un institut. Au cours des dernières années, elle s'était orientée de plus en plus vers la métaphysique et avait cessé de travailler comme thérapeute. Elle alliait une foi profonde dans le pouvoir de Dieu à une grande connaissance des mécanismes psychologiques internes des êtres humains. C'était une femme très brillante, qui canalisait indubitablement de l'information provenant d'une source supérieure. Je la respectais surtout pour ses connaissances acquises avant tout en travaillant en thérapie avec les gens, en affrontant de vrais problèmes. Elle nous raconta que lorsqu'on pratique de la thérapie familiale, on arrive rapidement à un point où aucune règle ne fonctionne; on est alors obligé de les rejeter et de commencer à agir selon son intuition. Elle avait élevé son intuition au statut d'instrument finement accordé.

Dans ses groupes, elle mettait l'accent sur la confiance en soi et l'affirmation de soi. Elle proposait face à la vie l'attitude suivante : sachez que le pouvoir de l'univers est en vous. Apprenez à écouter ce pouvoir en faisant confiance à votre propre énergie et à vos sentiments les plus profonds. Soutenez vos intuitions en agissant le plus possible en accord avec elles à chaque instant. Affirmez et vivez votre vérité, puis prenez tout ce qui vous arrive comme la mesure de la précision avec laquelle vous suivez votre énergie. Partez de l'idée que tout ce qui vous arrive constitue fondamentalement le soutien positif de l'univers au cours de votre voyage jusqu'à votre vrai pouvoir.

L'un des plus importants concepts que je dois à Shirley est celui de l'homme et de la femme intérieurs. Elle nous apprit à voir notre moi intuitif comme notre femme intérieure et notre capacité à agir selon lui comme notre homme intérieur. Elle nous expliqua que la femme intérieure avait pour fonction de recevoir la sage guidance de l'univers et de nous la transmettre, tandis que notre énergie masculine avait celle d'établir cette vérité en la mettant en action dans le monde. Cette simple métaphore me permit de clarifier beaucoup de choses dans ma vie, dont les relations. J'ai exprimé ma version des idées que Shirley m'a transmises dans mon livre *Vivez dans la lumière*.

L'enseignement de Shirley et son influence me révélèrent mon pouvoir. Je pris l'habitude d'écouter ma guidance intuitive, de lui faire confiance et d'agir en fonction d'elle. J'appris à m'affirmer plus directement et à m'exprimer avec plus de clarté. Et je commençai à reconnaître en moi une personne puissante et un canal créateur de l'énergie universelle.

Shirley fut pour moi un exemple pour animer des groupes avec spontanéité, en suivant mon intuition et l'énergie du groupe lui-même. Je m'aperçus que plus je pouvais oublier mes plans et suivre l'énergie du groupe et plus mes séminaires étaient intéressants et intenses.

Je suivais l'enseignement de Shirley depuis un an quand elle doubla ses prix. La somme demandée représentait beaucoup d'argent pour moi, mais il était hors de question d'arrêter. J'étais arrivée à un point où le développement de ma conscience passait avant tout, même avant ma nourriture et mon loyer si nécessaire. Je savais intuitivement que ce degré d'engagement envers moi-même m'apporterait tout ce que je voulais dans la vie. Curieusement, ce moment marqua un tournant dans ma situation financière. A partir de là, ma prospérité ne cesse de croître.

Je restait fidèlement dans le groupe pendant cinq ans. Mais avec le temps, certains mécanismes de ce groupe commencèrent à me déranger. Alors que nous apprenions à avoir confiance en notre propre savoir, nous avions pris l'habitude de demander l'avis de Shirley pour pratiquement chaque détail de notre vie.

Alors que nous gagnions considérablement du pouvoir dans d'autres domaines, nous donnions tout notre pouvoir à Shirley dans notre relation avec elle. Je voyais certaines personnes tomber dans un rôle de dépendance de plus en plus fort.

Comme toujours, j'essayai de faire valoir mes points de désaccord. Il m'arriva même d'essayer de m'opposer à Shirley. A chaque fois, le groupe se ligua contre moi. Le point de vue de Shirley l'emportait toujours; les divergences n'étaient aucunement encouragées. Je finissais en général par me dire que j'avais sans doute tort. Pourtant le sentiment me poursuivait que quelque chose n'allait plus.

Ma relation avec Shirley fut aussi intéressante que difficile. Je l'aimais vraiment beaucoup et je crois qu'à un niveau profond, elle m'aimait aussi. Par ailleurs, j'avais pour elle une admiration et un respect immenses — aucun autre enseignant n'a autant compté. Néanmoins, je ne pouvais pas me comporter comme ses autres disciples. Ils avaient plus confiance en elle qu'en eux-mêmes, alors que j'étais poussée à me fier à mon propre sentiment par rapport aux choses, même quand il différait de celui de Shirley et y compris mon sentiment qu'elle n'était pas claire dans certaines domaines.

Elle me dit une fois que j'avais besoin soit de m'abandonner tout à fait à elle, soit d'avoir totalement confiance en moi, mais en tout cas de ne pas rester entre deux. Rentrée chez moi, je fus malade pendant vingt-quatre heures — je souffrais terriblement de ne pouvoir faire ni l'un ni l'autre. Mon instinct m'incitait à choisir d'avoir confiance en moi, mais je n'étais pas prête à rompre mon lien de dépendance par rapport à Shirley. J'étais rassurée d'avoir quelqu'un devant moi sur le chemin, quelqu'un qui en savait davantage, à qui je pouvais demander des réponses. Il me fallut encore quelques années avant d'être prête à lâcher.

Mais en attendant, je me retrouvais dans une situation courante pour moi par rapport à un enseignant. J'étais en quelque sorte l'enfant à problème de Shirley, la brebis galeuse du groupe. Tout en me respectant, les gens n'étaient pas très à l'aise avec moi. Puisque le fait d'exprimer des opinions et sentiments divergents me mettait en difficulté, j'appris à me contenir, mais j'étais de plus en plus critique et amère. Shirley se sentait sûrement jugée et désapprouvée par moi.

J'avais encore envie de combler le fossé qui s'était creusé entre nous, mais je ne trouvais pas la clé. J'avais (et j'ai encore) le désir de lui donner quelque chose en échange de ce que je recevais d'elle mais, une fois encore, je ne voyais pas comment. Dans la mesure où je ne pouvais m'abandonner à elle, il semblait que je n'avais rien à donner.

Le groupe me déçut de plus en plus et je ne pus accepter certaines de nouvelles idées de Shirley. L'élitisme commença à me déplaire, ainsi que le fait de juger et de dénigrer les gens qui quittaient le groupe, comme s'il était moins bien de suivre sa propre énergie que celle de Shirley. Les gens qui faisaient partie du groupe depuis longtemps me donnaient l'impression de tomber dans de grosses ornières.

De toute évidence, cette situation me montrait où j'étais moi aussi embourbée, et qu'il était temps de bouger. Ce fut particulièrement difficile et effrayant. D'un côté, j'avais peur de m'égarer, de quitter la voie qui pouvait conduire le plus vite à l'illumination. Je redoutais aussi les jugements que les gens du groupe, et éventuellement Shirley elle-même, porteraient sur moi. Le plus terrifiant était la pensée qu'il n'y avait réellement plus personne devant moi sur le chemin, que personne ne connaissait mieux que moi les réponses, que je n'avais personne d'autre que moi à regarder et à investir de ma confiance.

Et pourtant, je ressentais d'un autre côté un soulagement considérable. Enfin je n'étais plus partagée, défiante par rapport à mes sentiments les plus profonds. Je commençai à m'apercevoir que mes sentiments et perceptions sont en général extrêmement précis. C'était magnifique de pouvoir enfin avoir réellement confiance en moi.

Je suis encore aujourd'hui très reconnaissante de tout ce que j'ai reçu au travers de Shirley. Elle fut véritablement la mère métaphysique qui me fit naître à mon propre pouvoir spirituel.

Michael

Peu après mon installation à Marin, je commençai à sortir avec Michael, dont je fis la connaissance à l'un de mes séminaires. Michael était différent de mes amants précédents. J'étais plutôt attirée par les types juvéniles et Michael était un homme, pas un garçon. Il était au début de la quarantaine, avait neuf ans de plus que moi, et était le père divorcé de deux enfants.

Après deux ans, je fus lassée de la vie communautaire dans la maison; j'aspirais à avoir mon propre espace. L'une de mes amies cherchait quelqu'un pour partager un bel appartement à Tiburon, qui dominait la baie de San Francisco. C'est ainsi que nous avons emménagé là-bas, Tiger Lady et moi. Quelques mois plus tard, ma colocataire partait, me faisant héritière d'un logement magnifique que j'habite toujours.

Michael y vécut pendant un an avec moi, puis il nous parut plus souhaitable d'avoir chacun notre espace. A son départ, je fis ma première expérience de vie en solitaire et j'appréciai le contraste avec toutes les années précédentes. Je trouvai en particulier merveilleux d'avoir ma propre cuisine où je pouvais préparer et manger n'importe quoi sans avoir à faire à quelqu'un d'autre.

L'appartement revenait cher et constituait un pas financier important à franchir. Il marqua également le terme de ma vie de hippie et le début de mon appréciation de l'abondance matérielle. Bien que goûtant pleinement les richesses matérielles, je n'y étais pas du tout attachée. Fondamentalement, je suivais mon intuition. A chaque étape à laquelle j'étais censée passer, j'étais automatiquement soutenue par la somme d'argent nécessaire. Ainsi, dès que je m'engageai pour l'appartement, mes revenus augmentèrent assez pour me permettre de payer ce nouveau loyer. S'ils avaient au contraire baissé, j'étais disposée à partir vivre sous une tente. Le lieu ne m'importait pas vraiment, je voulais seulement conserver le sentiment que j'avais quand je faisais confiance à l'univers.

La rupture de ma liaison avec Michael, plus de trois ans plus tard, me plongea dans un grand conflit, comme si la décision ne provenait que d'une partie de moi-même et que je n'avais pas fait un choix conscient. Une autre partie de moi-même, très tendre, était désolée d'avoir perdu l'amour et l'intimité que je partageais avec lui. Récemment, nous avons pu guérir la blessure de notre séparation et nous sommes maintenant de très bons amis. Michael est aujourd'hui l'heureux mari d'une femme qu'il a rencontrée dans un de mes séminaires.

Mais à l'époque, je commençais à me demander si je n'étais pas folle. Quelle était mon problème en matière de relations ? Tout le reste semblait progresser à grands pas, mais la confusion régnait toujours autant dans le domaine des relations. Je ne me doutais pas que les choses allaient devenir encore pire.

LE SUCCÈS

Les ventes de mon livre *Techniques de visualisation créatrice* continuaient, sans aucune promotion, seulement par le bouche à oreille. Il faisait si bien son chemin qu'il attira l'attention de Bantam Books qui en acheta les droits pour une petite collection de livres de poche. Whatever Publishing continua à publier le texte dans une meilleure qualité. Poussé par deux éditeurs, le livre devint l'un des plus grands best-sellers métaphysiques. Au jour où j'écris ces lignes, il s'en est vendu près de deux millions d'exemplaires, traductions et éditions étrangères comprises, et il poursuit toujours sa carrière.

Whatever Publishing s'acquit une réputation de maison active, produisant des livres novateurs de grande qualité. Quelques années plus tard, la maison prit le nom de New World Library. Quand je songe à nos humbles débuts, je suis fière de voir qu'une société prospère a été mise sur pied par un processus de confiance et d'obéissance à notre propre vision créatrice.

Mes séminaires étaient de plus en demandés. J'engageai une secrétaire pour le courrier, le téléphone et l'organisation et je commençai à en donner dans tout le pays et au Canada. L'une de mes difficultés fut de choisir parmi toutes les propositions que l'on me faisait. J'adorais mon travail et j'en retirais beaucoup de gratifications. Une partie de moi — mon moi visionnaire-guérisseur — voudrait guérir et transformer le monde entier !

Je voyageais donc beaucoup, toujours seule, et donnais mes séminaires sans assistance autre que matérielle, assurée par mon correspondant dans chaque ville. Le nombre de participants augmentant, il devint évident qu'il me fallait de l'aide. Claramae Weber, une femme qui avait suivi plusieurs de mes séminaires, demanda à voyager avec moi et à m'assister bénévolement. Ce fut un don du ciel.

Claramae, une rousse dynamique qui rayonne de chaleur et d'enthousiasme, m'aida énormément. Je ne tardai pas à l'engager comme coordinatrice de mes séminaires. Je m'aperçus qu'il était beaucoup plus agréable de voyager à deux et je me rendis compte à quel point j'avais été seule sur les routes. Claramae resta avec moi plusieurs années et anime aujourd'hui ses propres séminaires.

Durant cette période, une autre femme importante entra dans ma vie. J'avais rencontré Kathy Altman dans le groupe de Shirley et mon intuition me poussait à travailler avec elle. J'en parlai avec elle à l'époque, mais elle avait déjà un emploi, le moment n'était pas venu.

Finalement, elle décida de quitter son poste et je lui en offris un à mes côtés. Ce fut une de mes meilleures décisions. Elle a été mon administratrice, ma partenaire créatrice et mon bras droit pendant plusieurs années. J'ai eu l'occasion de vérifier souvent que si je suis ouverte et que le moment est venu, l'univers m'envoie exactement la personne dont j'ai besoin.

Vivez dans la lumière

Pendant plusieurs années, je nourris le projet d'un autre livre. Les idées ne me manquaient pas, mais je ne trouvai pas le temps de m'asseoir pour écrire. Cela aurait été un combat, aussi préférai-je renoncer, confiante dans le fait que les choses se feraient le moment venu. Pour moi, les livres, ainsi que les autres projets créateurs, sont comme des grossesses. Ils grandissent en vous et sortent le moment venu. On ne peut pas s'obliger à mettre au monde prématurément et quand le bébé est prêt à naître, on ne peut pas le retenir !

Une amie de vieille date, Laurel King, me proposa de m'aider. Elle réunit mes notes et des transcriptions de mes interventions orales et rédigea elle-même certains passages. J'appréciai de travailler avec quelqu'un et cela facilita indubitablement le processus.

Pendant que j'écrivais *Vivez dans la lumière,* j'eus à faire à des peurs et à des doutes. Ayant publié un best-seller, je devais réussir aussi bien la deuxième fois. Et si le premier succès n'était dû qu'à un coup de chance ? Et si je n'étais pas capable de produire autre chose de valable ? Je découvrais le genre de pression auquel étaient soumis les créateurs qui réussissaient pour poursuivre leur travail inspiré. Je procédai en me laissant ressentir et reconnaître mes peurs, puis je les abandonnais à l'univers en demandant à être guidée et inspirée par le divin.

En décembre 1985, exactement sept ans après *Techniques de visualisation créatrice, Vivez dans la lumière* vint au monde.

J'en étais très contente. Ce livre contenait les messages les plus importants que je voulais communiquer au monde. Il fut bien accueilli et, au jour où j'écris ces lignes, il s'en est vendu plus d'un demi-million d'exemplaires et il poursuit sa carrière.

J'ai reçu d'innombrables lettres et appels téléphoniques de lecteurs enthousiastes me disant que ces livres avaient changé leur vie. C'est bien sûr un sentiment merveilleusement satisfaisant que de savoir que mes «enfants» ont participé à transformer la vie des gens. La partie de moi-même qui désirait exercer une influence positive sur le monde a été comblée.

Souvent les gens me racontent des histoires amusantes : mes livres sont tombés d'une étagère sur leur tête ou leur ont presque sauté dans les mains. Il me semble parfois qu'ils sont des entités investies d'une force vitale et d'un objectif propres, comme de petits missionnaires. La vie qui les anime et leur popularité qui dure sont dus, je crois, au fait que je continue à me consacrer à mon propre processus de changement et de croissance. Etant énergétiquement liés à moi, ils poursuivent leur épanouissement.

Enseigner et guérir

Au début, je croyais donner des séminaires et faire du conseil parce que j'avais des informations et des expériences à communiquer aux autres pour qu'ils en bénéficient, et qu'ainsi le monde soit guéri et transformé. Avec les années, je vis de plus en plus clairement que j'avais avant tout besoin d'enseigner pour mon propre processus d'apprentissage et de guérison, ainsi que pour m'exprimer et atteindre la plénitude. En un mot, ma propre guidance supérieure m'orientait vers l'enseignement parce que c'était pour moi le moyen le plus stimulant et le plus puissant d'apprendre et de me développer. J'enseignais ce que j'avais le plus besoin et le plus envie d'apprendre et j'étais obligée de pratiquer ce que je prêchais.

Par exemple, lors des premiers séminaires, manquant d'expérience, je suivais un plan défini d'avance. Lorsque je commençai à enseigner aux gens à avoir confiance en leur intuition et à la suivre, j'abandonnai presque toutes mes structures pour commencer à suivre moi aussi mon intuition pendant mes séminaires.

J'ai pu vérifier à de nombreuses reprises que le fait de renoncer pour certaines choses à toute structure préconçue stimule l'énergie et lui permet de se mouvoir dans de nouvelles directions. Pour moi comme pour n'importe quelle autre personne, il se crée alors des possibilités plus importantes.

Finalement, en devenant plus consciente de moi-même, je reconnus que je travaillais comme enseignante et conseil en partie pour répondre à mes propres besoins psychologiques d'amour, d'attention et d'approbation et non (comme je l'avais cru par erreur) pour satisfaire les besoins des autres. Je vois beaucoup d'enseignants et de thérapeutes tomber dans ce piège — «l'opération sauvetage». Nous projetons nos propres besoins psychologiques sur les autres, puis nous devenons les sauveurs héroïques, tout en savourant secrètement notre position de personne un peu plus sage, plus avisée ou plus avancée que toutes ces âmes auxquelles nous apportons la lumière. Certes, ceux qui enseignent sont en principe plus avancés dans certains domaines que leurs élèves, sinon ils n'auraient rien à leur apprendre. Mais l'enseignement est donné d'une manière plus claire et plus honnête lorsque l'enseignant reconnaît et «assume» ses propres besoins et motivations sous-jacents. Je ne vois pas de problème dans le fait d'avoir besoin et de désirer l'amour et l'approbation de mes élèves et clients du moment que je suis consciente de ce besoin. La tendance à projeter mes besoins sur les autres et à essayer de les aider est toutefois très forte en moi, dans mon travail et dans ma vie.

Un autre écueil à considérer dans ce métier est l'idée que nous devons être parfaits avant de pouvoir enseigner. Cette idée empêche les gens d'aller de l'avant et de se positionner comme animateurs lorsqu'ils ont le sentiment d'avoir quelque chose à communiquer. Beaucoup d'enseignants dans le domaine de la conscience croient devoir présenter une image de perfection pour être acceptés. C'est encore plus triste quand ils croient parfois eux-mêmes à cette image de perfection. C'est ainsi que se présente le syndrome du «gourou», dans lequel le gourou se croit surhumain et se présente comme tel, tandis que les disciples sont en proie à une admiration mêlée de crainte et persuadés qu'il appartient à une autre catégorie d'êtres qu'eux.

Selon moi, les êtres les plus conscients sont ceux qui sont conscients de toute l'étendue de leur sagesse et de leur pouvoir, ainsi que de leurs faiblesses humaines, et qui sont capables, quand cela est approprié, de s'en ouvrir aux autres. Ainsi se crée l'espace dans lequel les autres peuvent s'investir de leur propre pouvoir plutôt que rester bloqués en position d'infériorité.

J'ai appris tout cela à la manière dure, à travers mes expériences. Avec le succès et la célébrité, mon opération de sauvetage pour essayer de sauver et de transformer le monde entier prit des proportions démesurées. Je m'efforçais de reléguer à l'arrière-plan mes besoins personnels (dont je n'étais souvent même pas consciente) pour essayer de satisfaire ceux des autres. Tout en me sentant toujours très humaine, je tentais inconsciemment de me forcer à atteindre une certaine image de pouvoir et de perfection. Jusqu'à un certain point, je jouais avec les autres le rôle que Shirley avait joué avec moi. Les gens projetaient sur moi le pouvoir et la sagesse qui leur manquait et me considéraient comme leur gourou et leur lumière-guide. L'expérience est exaltante et flatteuse, il est difficile de ne pas succomber à ce rôle attrayant. Je me sentais très puissante.

Je découvris toutefois que le succès devait se payer. Une partie de moi-même aimait être une «vedette» — être reconnue de plus en plus souvent par de complets étrangers. D'un autre côté, cela devenait à l'occasion envahissant, en particulier lorsque je n'étais pas au maximum de ma forme et que j'aspirais à la tranquillité et à l'anonymat. J'avais créé un «personnage» que je ne voulais pas incarner tout le temps. Je commençai à plaindre les personnes connues qui n'avaient pas beaucoup de vie privée et à comprendre pourquoi tant de gens évitent ou sabotent inconsciemment leur réussite. Pour ceux qui ne savent pas mettre de limites et bien prendre soin d'eux-mêmes, les pressions de la gloire et de la fortune peuvent peser très lourd.

La surcharge de travail était devenue chez moi une manière de vivre et je n'avais pratiquement pas de vie personnelle distincte de mon travail. Et je n'avais pas le temps de me pencher sur ce problème. J'étais trop occupée à travailler !

Depuis mes premiers séminaires, j'avais envie de mettre sur pied un beau centre. Plus tard, j'eus la vision d'un centre de retraite à la campagne, merveilleusement aménagé, dont les activités tourneraient autour de la conscience, la guérison et les arts créatifs. En attendant il me fallait un endroit adéquat pour donner mes séminaires et mes cours. J'étais lasse des chambres d'hôtel et aspirais à travailler dans un lieu beau et confortable où je trouverais soutien et inspiration.

Après deux années de recherche, nous louâmes des locaux professionnels neufs à Corte Madera où furent joliment aménagés une grande salle de séminaire, un studio de danse, une pièce pour petits groupes et des bureaux. L'immeuble reçut le nom de Shakti Center. J'eus la chance d'attirer à cette époque deux membres très dévoués de mon équipe, Kathleen Holland et André DeSautels.

En plus des séminaires et des cours que je donnais au Shakti Center, je continuai à voyager à travers tout le pays, animant des séminaires et donnant des conférences, en attirant désormais jusqu'à deux cents personnes par week-end et de cinq cents à mille pour une soirée.

Déjà au début de ma carrière, je m'étais aperçue que pendant les séminaires ou quand je conseille quelqu'un en individuel, une énergie très différente de ma personnalité habituelle passait à travers moi. Je n'y faisais pas beaucoup attention car cela se faisait de manière très automatique. Mais je finis par me rendre compte que je canalisais un aspect différent de mon être, une puissante énergie universelle. Cette énergie donne une grande impression de sagesse; les mots viennent spontanément et je suis parfois surprise et étonnée de ce que je dis. Cette énergie m'apporte de l'amour et semble me nourrir pendant qu'elle s'écoule vers les autres.

Souvent, quand je travaille en privé avec une personne ou dans un séminaire, je reçois soudain l'image de ce que je dois faire ou des paroles à prononcer. Cela peut paraître un peu étrange et je me demande souvent si je dois vraiment mettre en actes ce qui me vient ainsi. Il peut s'agir de toutes sortes de choses, depuis le fait de toucher telle ou telle partie du corps de quelqu'un ou de lui proposer de s'allonger, la tête sur les genoux d'une autre personne, ou de lui demander de se lever et de faire tel ou tel bruit ou de répéter une phrase précise. Si je le fais (ainsi que je l'ai appris), la personne vit une expérience émotionnelle ou spirituelle puissante.

Il semble que cette énergie universelle de guérison passe à travers moi chaque fois qu'il y a une demande ou un besoin et j'ai pu constater qu'elle répond toujours. Combien de fois, une heure ou quelques minutes avant le début d'une conférence ou d'un séminaire, ai-je traversé une crise émotionnelle, me sentant incapable de dire ou de faire quelque chose pour éclairer les autres ? Et pourtant, dès que je pénétrai dans la salle, je commençais à percevoir ce changement d'énergie. En quelques minutes, j'étais centrée, claire, puissante et l'énergie passait à travers moi. En principe, ce changement se maintient un certain temps, mais certaines fois, dès la fin du séminaire, je me retrouve nez à nez avec moi-même !

J'aime le sentiment que donne le fait de canaliser ce pouvoir universel. Ma personnalité semble se mettre de côté pour céder la place à une énergie supérieure et plus impersonnelle. Je n'ai pas l'impression qu'il s'agisse d'une autre entité. C'est un aspect de moi et en même temps une partie de l'univers. Je perçois cette énergie comme douée d'un pouvoir illimité de guérir à tous les niveaux : physique, émotionnel, mental et spirituel. Cette énergie qui passe à travers moi produit, semble-t-il, un effet de catalyseur pour susciter la même énergie chez les autres personnes présentes dans la salle. Je pense que cette énergie nous est accessible à tous et à chaque instant à partir du moment où nous avons appris à puiser en elle et à lui donner notre confiance.

Quand elle passe à travers moi, j'ai à la fois un sentiment de grande puissance et de grande humilité... et par-dessus tout un sentiment d'amour immense. Je suis honorée et un peu impressionnée d'avoir l'occasion de faire autant l'expérience de ce pouvoir dans ma vie.

New York

J'ai toujours aimé voyager et mes tournées de séminaires, bien que parfois sources de stress et de fatigue, étaient aussi exaltantes et agréables. Je trouvais intéressant de travailler dans différentes villes et de voir les particularités de chacune se refléter dans le séminaire. Je découvris que des lieux différents ont des vibrations énergétiques différentes et que nous sommes attirés vers les endroits possédant le type d'énergie dont nous avons besoin à un moment donné, de même que nous allons vers des personnes ayant telle ou telle énergie.

Pour ma part, j'eus le coup de foudre pour New York. Je n'ai jamais vu nulle part ailleurs une vie aussi intense. Chaque fois que je m'y rendais, il me semblait être soulevée dans les airs et portée par une vague d'énergie créatrice. J'avais toujours l'impression que j'étais trop vive et que je devais me modérer un peu. Il n'y avait qu'à New York que cette impression disparaissait, comme si l'intensité de mon environnement s'accordait à mon intensité intérieure. Je me sentais chez moi.

Au cours de mes séminaires new-yorkais, je rencontrais souvent des gens intéressants et créatifs. Un soir, à l'issue d'une conférence, une femme de mon âge m'aborda et, en parlant avec elle, j'eus fortement l'impression de me regarder dans un miroir. Elle s'appelait Leslie Ayvazian, elle était actrice, écrivain et metteur en scène. Elle est devenue l'une de mes meilleures amies. Je reconnus parmi bien d'autres choses en elle un miroir de ma partie artiste-créateur. Je m'aperçus qu'en renonçant à ma carrière de danseuse, j'avais enfoui cette partie de moi-même qui aspirait de plus en plus à refaire surface.

Une autre rencontre fascinante à New York fut celle de Gabrielle Roth, qui enseigne le théâtre rituel et le mouvement comme voie de guérison et de conscience de soi. Elle est elle aussi devenue une de mes excellentes amies et New World Library a publié son merveilleux livre, *Maps to ecstasy : teachings of an urbam shaman* (Itinéraires de l'extase : les enseignements d'un shaman urbain).

MA GUÉRISON

J'avais atteint le succès en matière de création et de carrière en pratiquant ce que j'enseignais : je suivais avec confiance ma guidance intuitive intérieure. J'étais l'auteur de deux livres appréciés qui m'avaient permis de toucher des milliers de personnes. J'avais accompli la mission fondamentale de ma vie et j'en retirais une grande satisfaction.

Je recevais pourtant des messages intuitifs de plus en plus forts selon lesquels ma vie n'était pas équilibrée, nombre de mes besoins personnels n'étaient pas satisfaits et certaines parties de moi-même ne s'exprimaient pas. J'étais tellement prise dans le tourbillon des activités et du succès que j'avais à peine le temps d'y songer et encore moins de trouver des solutions.

Heureusement, la vie nous entraîne toujours dans la direction nécessaire à notre guérison et à notre équilibre. J'eus à l'époque une série d'expériences qui m'ouvrirent graduellement à mon «ombre» : les aspects de moi-même que j'avais enfouis ou ignorés trop longtemps.

Durant une consultation, une amie psychique me dit que tous mes chakras (centres d'énergie dans le corps) étaient ouverts, sauf celui du coeur, qui lui parut avoir douloureusement implosé. Elle me dit encore que je savais très bien donner de l'amour, mais pas en recevoir. Je fondis en larmes à ces mots qui me bouleversèrent.

Je décidai de prendre des leçons de chant avec mon amie Pilar. J'avais toujours eu envie de chanter, mais j'étais complètement bloquée dans ce domaine. S'il y avait une chose que je n'étais pas sûre de pouvoir faire, c'était celle-là. Pilar abordait le chant d'une manière intuitive, émotionnelle, m'encourageant à percevoir la partie de mon être qui avait envie de chanter et celle qui avait peur de le faire. Je commençais à chanter, puis je me mettais à pleurer. Je me rendis compte que le chant venait d'une région profonde et vulnérable en moi et que j'avais autour de cette zone une grosse armure qui devait fondre. Les premières semaines, je passai la plupart de mes leçons à pleurer, sans savoir vraiment pourquoi, jusqu'au jour où je pus chanter sans pleurer. Je découvris une partie de moi qui aspirait à s'exprimer par le chant, mais aussi une quantité considérable de peur et de résistance. Je persévérai afin de pouvoir utiliser le chant pour entrer en contact avec ces sentiments profonds.

A la découverte de mon enfant intérieur

J'entrepris un travail de guérison personnelle avec un homme nommé Stephen, originaire d'Ecosse et qui avait donné des cours de théâtre au Canada pendant de nombreuses années. Il avait suivi un long chemin de guérison spirituelle et émotionnelle. C'était un être profond, très perceptif, le type même du sage.

Lors de la première séance, alors que je parlais avec lui, je fus soudain la proie de pleurs incontrôlables. J'en étais d'autant plus surprise et gênée que je croyais aller très bien. Au cours des séances suivantes. je découvris qu'une partie de moi-même était profondément malheureuse. Mais j'étais si occupée et je réussissais si bien que je n'avais pas le temps de remarquer ma souffrance. Toute ma vie m'avait conditionnée à être forte, compétente, à tenir la situation en main, et mes années auprès de Shirley m'avaient tellement consolidée dans mon pouvoir que je m'étais complètement identifiée à cet aspect de mon être. Le fait d'être devenue une enseignante connue dans le domaine de la conscience contribuait à maintenir cette identité.

Je me considérais comme puissante, sûre de moi et développée en conscience, ce qui était vrai. Mais une autre partie de moi-même avait été très refoulée. C'était la partie sensible, vulnérable, celle qui me faisait savoir que mes besoins émotionnels n'étaient pas satisfaits et que d'anciennes blessures demandaient à être guéries.

Dans ma vie, le gros problème tenait à mes relations avec les hommes. Tout le reste allait très bien, mais mes relations amoureuses continuaient à m'apporter chagrin et trouble. Bien sûr, j'avais toujours su que je portais toujours la souffrance non résolue de mon enfance (résultant de la séparation précoce d'avec mon père et du fait d'avoir dû devenir une adulte responsable à un jeune âge), mais je commençais à ressentir vraiment cette souffrance et ce chagrin que je gardais en moi.

Stephen avait de l'énergie paternelle en abondance. Il avait de grandes qualités d'acceptation et créa pour moi un espace de grande sécurité me permettant de prendre conscience de mes sentiments. Je fis l'expérience d'une enfant très effrayée et triste en moi, qui était si jeune qu'elle n'avait même pas de mots pour s'exprimer. Je me rendis compte que je l'avais abandonnée au niveau émotionnel par le fait de ne pas avoir conscience de ses besoins et de ses sentiments.

Je commençai à reconnaître ce qui n'allait pas dans ma vie. J'étais tellement prise par ma carrière et par tout ce que je donnais au monde que je n'avais pas grand-chose à me donner à moi-même. Et j'étais tellement occupée à me montrer forte et puissante qu'il restait très peu d'espace dans ma vie pour l'expression de sentiments plus fragiles, en particulier mon besoin d'être aimée et nourrie. Ces sentiments n'apparaissaient, semblait-il, que dans une relation avec un homme qui m'aimait, et un tel besoin réprimé faisait alors surface qu'il pesait lourd sur la relation. Il me fallait trouver d'autres moyens de me nourrir et de prendre soin de moi sur le plan émotionnel.

Je finis par voir clairement ce que l'enseignement de Shirley n'avait pu m'apporter. Autant il avait fait merveille pour développer mon pouvoir, mon sens de moi-même en tant qu'être créateur, à l'image de Dieu, autant mon moi plus humain et sensible avait été réprimé. Il s'était toujours battu pour avoir sa place, mais je n'avais pas su le soutenir.

Je compris que je ne pouvais réaliser un vrai contact émotionnel avec les gens et connaître l'amour et l'intimité qu'au travers de cette partie vulnérable et sensible de moi-même.

Je m'aperçus que mon attirance pour les groupes correspondait en partie au désir inconscient de mon enfant intérieur de créer la grande famille chaleureuse et aimante que je n'avais jamais eue. Mes propres séminaires m'apportaient beaucoup d'amour et de contacts, mais les cours comme les séminaires se terminaient après un week-end ou après quelques semaines et mon enfant intérieur se sentait abandonné. J'avais donc créé une «famille» plus permanente avec les étudiants de longue durée et l'équipe de travail que j'avais réunie autour de moi.

L'amour et les relations étroites qui caractérisaient ce groupe satisfaisaient en partie mon besoin d'intimité constante. Mais les rôles compliqués et enchevêtrés à l'intérieur de ce groupe posaient problème. La plupart des gens de mon entourage avaient commencé comme étudiants, étaient devenus des amis et travaillaient désormais comme employés pour moi, ce qui mettait un certain degré de confusion dans nos relations. Pour moi, la plus grande difficulté tenait au fait que plutôt que de faire partie d'une joyeuse famille dont j'aurais été l'un des enfants, ce que mon enfant intérieur désirait secrètement, j'étais prisonnière du rôle de mère-père prenant la responsabilité de tous et de tout.

En devenant plus consciente de mes besoins, je me mis peu à peu en quête de moyens de les satisfaire au sein de la structure que j'avais créée. J'élaborai des programmes et des retraites de longue durée afin de bénéficier plus longtemps de la chaleur et de l'intimité du groupe. J'invitai aussi d'autres animateurs, qui prenaient ainsi une part de la responsabilité, me permettant de me mettre en retrait et de recevoir pendant qu'ils assumaient la charge du groupe.

Stephen fut l'un d'eux et il devint le «père» symbolique de la famille. Je restai la «mère», mais il prit une partie de la responsabilité émotionnelle, ce qui m'aida à me laisser aller davantage et à donner de l'espace à l'enfant vulnérable en moi.

Une autre personne me soutint dans ce processus; il s'agit de mon amie Tanha. Etant très reliée aux sentiments de son enfant intérieur, elle était aussi très sensible aux miens. Elle m'encouragea à rentrer davantage en contact avec mes propres besoins et à me nourrir. Elle menait une vie assez tranquille dans un environnement rural, au sein d'une famille communautaire aimante, et je me surpris à l'envier et à vouloir être à sa place pour un temps. De son côté, elle aspirait à s'exprimer avec plus de succès dans le monde comme je le faisais. Nous avions toutes les deux des problèmes non résolus avec des mères puissantes et, ensemble, nous pûmes guérir à un certain niveau nos problèmes dans ce domaine. Elle fut, sur le plan émotionnel, la mère nourricière dont j'avais besoin, tandis que j'étais la mère qu'il lui fallait en la soutenant et en l'encourageant.

Plus que jamais, je pris conscience que nous cherchons en permanence à guérir à travers nos relations nos besoins non résolus d'enfants. Dans les groupes et les séminaires, le groupe devient la projection de notre famille et nous jouons les rôles que nous avions dans notre famille d'origine. Si nous le faisons inconsciemment, nous tombons et retombons toujours dans les mêmes schémas jusqu'à la prise de conscience. Dès que nous commençons à y voir clair, nous pouvons nous servir de la relation ou du groupe pour guérir et résoudre ces vieux schémas.

Je m'aperçus que l'un de nos premiers rôles, en tant qu'enfants, consiste à pouvoir expérimenter et exprimer nos sentiments, avec une tierce personne qui comprenne simplement nos sentiments sans essayer de les réprimer ou de les changer. Un enfant a besoin de pouvoir exprimer ce qu'il ressent vraiment et que quelqu'un lui dise (avec des mots ou simplement au niveau vibratoire) : «Oui, je comprends ce que tu éprouves.» Et bien sûr, il est important pour un enfant d'avoir un parent qui lui donne l'exemple de la sincérité émotionnelle en exprimant honnêtement ce qu'il ressent. Beaucoup de parents se donnent tant de mal pour être «parfaits» qu'ils ne laissent pas à leurs enfants la possibilité de voir en eux de vrais êtres humains, ou alors ils ont tant de problèmes avec leurs besoins émotionnels insatisfaits qu'ils ne peuvent pas être émotionnellement présents pour leurs enfants. Beaucoup d'enfants, dont moi-même, commencent très tôt, voire dans la toute petite enfance, à prendre soin des besoins émotionnels inconscients de leurs parents.

Même les parents les mieux intentionnés ne sont pas capables de satisfaire les besoins émotionnels de leurs enfants tout en s'occupant de leurs propres besoins et en assumant leurs responsabilités dans le monde. S'occuper d'un enfant est une tâche très exigeante et les parents ne sont que des êtres humains.

Dans notre culture, les enfants reçoivent d'une manière ou d'une autre le message suivant : «Ne ressens pas ce que tu ressens. Garde-toi d'avoir trop de besoins car personne n'est là pour t'aider à les satisfaire.» Nous enfouissons donc nos sentiments et essayons de vivre selon l'image que l'on nous montre comme appropriée. Toute notre culture est imprégnée de ce message : «Ne ressens pas trop, ni trop profondément, ni trop intensément. Les sentiments sont dangereux. Ils te font perdre le contrôle.»

Toutefois, il ne suffit pas de ne pas vouloir de sentiments ou que quelqu'un les désapprouve pour qu'ils disparaissent. En fait, notre volonté ne les influence absolument pas et ils ne sont ni justes ni faux, ni bons ni mauvais. Ils sont, c'est tout. Ils représentent une partie importante de nous-mêmes. Vous pouvez les réprimer, mais pas les changer ni les détruire. Et si vous les réprimez, ils finissent par créer des problèmes. Ils font irruption à des moments inopportuns, avec une intensité plusieurs fois supérieure à l'émotion d'origine, ou ils vous poussent à des comportements de dépendance; à moins qu'ils ne vous rendent physiquement malades, ou tout cela à la fois.

Paradoxalement, si vous acceptez et vivez simplement vos sentiments — tous, et pleinement — ils changent d'eux-mêmes. Le fait d'accepter un sentiment lui donne de l'espace et lui permet d'évoluer. Si vous vous laissez totalement aller à votre tristesse, jusqu'à la traverser, vous arrivez à un sentiment de paix, suivi de légèreté. Votre coeur est ouvert et vous ressentez plus d'amour. Si vous vous autorisez à éprouver totalement la colère dans votre corps et acceptez et appréciez le sentiment (en trouvant une manière appropriée de l'exprimer, si cela est nécessaire), vous en retirez un pouvoir accru et finalement, quand la colère est passée, vous vous sentez fort et centré. Si vous vous permettez de ressentir votre peur et de demander du réconfort et de l'amour à une personne de confiance ou à l'univers, vous vous sentirez pour finir plus en sécurité et plus fort.

Au cours de mes séminaires, je dis souvent aux gens que les sentiments sont comme le temps, toujours changeants et très beaux dans leur diversité. Si nous étions toujours ensoleillés et à la même température, nous manquerions beaucoup d'autres humeurs différentes et tout aussi importantes de l'existence. Et si nous nous opposions à tous les changements de temps, nous passerions notre vie à vouloir éviter l'inévitable, ce que la plupart d'entre nous ont tendance à faire avec leurs sentiments.

A l'opposé, si nous apprécions de marcher sous la pluie ou de nous pelotonner dans notre lit quand la tempête fait rage dehors, ou de sortir nous amuser dans la neige, nous pouvons vivre tout l'éventail des expériences de la vie. Lorsque nous nous autorisons sans réserve à ressentir tous nos sentiments, nous faisons l'expérience de toute la passion de la vie.

Ma mère

Durant toutes ces années où je suivais un chemin spirituel, ma mère évoluait selon une voie parallèle. Après m'avoir fait connaître Silva Mind Control, elle s'était formée comme instructeur. Au moyen des techniques de visualisation, elle s'était guérie de son arthrite et avait dissous certains calculs biliaires pour lesquels son médecin préconisait l'opération. (Lorsqu'il compara les radiographies prises «avant» et «après», il ne voulut rien croire et supposa qu'il y avait eu confusion de clichés !)

Elle continua aussi à pratiquer le yoga. L'année qui suivit mon retour d'Inde, elle prit sa retraite — elle avait cinquante-cinq ans — et partit faire son propre pèlerinage en Inde, où elle étudia la méditation Vipasana et fut certifiée instructeur de yoga.

A partir de cette époque, elle devint une bohémienne et voyagea presque sans arrêt. Les gens l'hébergeaient et, en échange, elle leur enseignait le yoga et anima des retraites de méditation et de yoga en divers endroits. Elle se fit des amis partout dans le monde.

Un jour, elle se rendit sur une plage isolée d'Australie où un groupe de dauphins sauvages venait et se laissait toucher et nourrir par les gens, cela sans raison apparente. C'était le seul lieu au monde où ce phénomène se répétait régulièrement depuis des années.

Ma mère tomba amoureuse des dauphins et en arriva à connaître le nom et la personnalité de chacun. A partir de cette époque, elle retourna les voir et faire connaissance avec leurs petits chaque année. Ils devinrent sa famille. Selon elle, entrer en contact avec les dauphins est merveilleux. Elle raconta ses expériences dans un livre, *The Dolphins' Gift* (Le don des dauphins).

Elle resta sans domicile fixe pendant plusieurs années. Elle rentrait une fois par an pendant quelques mois pour me voir et rendre visite à ses amis en Californie, puis elle repartait à travers les Etats-Unis ou passait d'une île du Pacifique à l'autre, ou rejoignait ses dauphins. Elle parvint à mener cette vie avec une toute petite retraite en faisant du camping ou en logeant chez ses nombreux amis.

Lorsqu'elle venait me voir, elle participait souvent à mes séminaires et autres activités, en tant qu'élève ou membre de l'équipe. J'avais plaisir à la voir si intéressée par mon travail et, bien sûr, ce fut étonnant et utile pour beaucoup de gens de constater que ma mère assistait à mes séminaires. Les problèmes n'en étaient pas moins là. Notre relation devenait toujours plus douloureuse et difficile. Ma mère était souvent blessée ou fâchée contre moi, il lui semblait que je ne l'appréciais pas assez et que je ne lui accordais pas assez de place dans ma vie. Culpabilisée et mise sous pression, à mon tour, je lui en voulais.

Dean

L'homme qui arriva dans ma vie à cette époque s'appelait Dean. Je le rencontrai dans un de mes séminaires. (Je n'aurais pas pu le rencontrer ailleurs ! Il n'y avait que là que je voyais des hommes.) Nous étions les opposés qui s'attirent.

Je n'avais jamais rencontré d'homme qui semble vivre vraiment totalement sa partie animale — il était très physique et très primaire. Intelligent, mais pas intellectuel, il réagissait toujours avec ses tripes. Il était très direct et franc, et n'hésitait pas à exprimer ce que les autres pensaient, mais n'auraient jamais dit (ce qui m'embarrassait et m'enchantait à la fois).

Nous devînmes si dépendants l'un de l'autre que lorsque notre relation arriva à son terme, il nous fallut beaucoup de temps pour cesser d'être amants. Finalement, nous y parvînmes et notre relation évolua vers une profonde amitié. Au fil des ans, nous avons effectué ensemble une guérison émotionnelle considérable et Dean est maintenant un frère bien-aimé et l'une des personnes qui comptent le plus dans ma vie.

Comment j'ai dépassé mon rôle

A cette époque, je suscitai la colère de certains membres de mon équipe. J'avais tellement joué le rôle de mère et ils avaient projeté leurs histoires parentales sur moi à un tel point que j'écopai alors de toute leur rage. Le phénomène sous-jacent était que nous commencions à prendre des distances par rapport à notre codépendance, ce qui était sain. Mais ce processus d'individualisation, comme chez les adolescents qui se séparent de leurs parents, implique en général que l'on mette les torts sur l'autre pour se trouver soi-même.

Je souffris beaucoup de cette situation. Tanha, sur qui je me reposais beaucoup émotionnellenent, ne me parla pas pendant des mois. Stephen prit ses distances. D'autres déclarèrent ne plus rien vouloir avoir à faire avec moi.

Ces gens, je le savais, se débattaient avec leurs propres problèmes et je compris que je vivais le karma de quelqu'un qui se pose en leader puissant. Plus les gens vous donnent leur pouvoir, plus forte est leur colère quand vient pour eux le temps de le reprendre.

Je comprenais, mais cela ne m'aidait pas beaucoup. Je me sentais très seule.

Face à face avec mon ombre

Mes problèmes relationnels échappaient de plus en plus à mon contrôle. Après avoir rompu avec Dean, j'eus quelques relations qui me firent beaucoup de mal sur le plan émotionnel. Elles avaient toutes des points communs.

Tous ces hommes avaient participé à mes séminaires et c'était eux, au départ, qui étaient venus vers moi, mais pour se sentir dépassés et battre en retraite à partir du moment où je m'ouvrais à eux et commençais à les aimer. Je me retrouvais bien sûr avec un grand sentiment de rejet et d'abandon.

Ils étaient tous beaucoup plus jeunes que moi et particulièrement séduisants, chaleureux, intelligents et doués.

Tous étaient issus de familles d'alcooliques et avait fort à faire avec leurs propres problèmes de dépendance par rapport à l'alcool et-ou aux drogues. Je retombais bien sûr à chaque fois dans mon rôle habituel de mère-guérisseusse-gardienne, m'efforçant de les guérir et de les aider à résoudre leurs problèmes, alors qu'ils n'étaient pas du tout disponibles pour répondre à mes besoins à moi.

De toute évidence, cela ne me réussissait pas de me lier à des hommes ayant participé à mes séminaires. Ils voyaient en moi une puissante déesse qu'ils voulaient posséder, sans parler de l'image maternelle qui pouvait stabiliser leurs vies. Lorsqu'ils se retrouvaient face à une femme en chair et en os, qui avaient ses propres besoins, importants, ils n'y étaient pas préparés. Le concept de transfert ne m'était pas familier à l'époque. Il signifie que l'élève projette son pouvoir renié et sa sagesse sur le maître, puis tombe amoureux de ce reflet. Je tombais dans le contre-transfert, quand le maître projette sa vulnérabilité reniée sur l'élève et tombe amoureux de ce reflet.

Il me fallut admettre que mes relations étaient très marquées de dépendance. Je me rendis compte qu'excepté pour de courtes périodes, je n'étais jamais restée sans relation depuis l'âge de quinze ans. Je souffrais d'un sentiment de vide intérieur auquel j'essayais d'échapper en cherchant l'amour d'un homme.

Devant l'échec confirmé de mes relations, je dus finalement affronter le noeud douloureux qui se trouvait en moi. Rien ne me fut jamais plus difficile. Je voulais éviter ce sentiment à tout prix et je me serais dérobée si cela avait été possible. Mais la vie avait fait les choses de manière à ne pas me laisser le choix.

Je vécus toute la profondeur du chagrin de mon enfant intérieur effrayé, impuissant et demandeur. Non seulement j'avais connu l'abandon par mon père et par d'autres figures paternelles (les amants de ma mère), mais le manque d'hommes dans mon enfance m'avait mise en manque d'énergie, d'amour et d'attention masculins. J'éprouvais un sentiment de honte et d'indignité car mon enfant intérieur interprétait ce refus d'amour et d'attention comme une conséquence d'une inadéquation chez moi. Le fait d'avoir grandi si vite et d'être devenue responsable si jeune avait laissé ma partie enfant en manque d'attention et de jeu.

Je me rendis compte que ma partie enfant et mon côté féminin avaient été profondément blessés par ce sentiment d'abandon et de rejet et, de ce fait, très réprimés. Mon côté masculin s'était fortement développé, j'étais, dans un sens, «devenue mon propre homme» pour me donner de l'énergie masculine. Je me sentais très puissante dans cette énergie masculine, dans ma capacité à poursuivre mes objectifs et à les réaliser. Mais je me sentais totalement faible du côté féminin, dans ma capacité à attirer à moi et à recevoir ce que je désirais. Je faisais donc toujours appel à mon côté masculin pour accomplir les choses, tandis que mon côté féminin restait vide et insatisfait.

Je consultai à cette époque une autre amie psychique qui canalise à mon avis une guidance de très haut niveau. Elle me dit que j'avais rejoué et réexpérimenté dans mes relations ce que j'avais ressenti enfant lors de la séparation d'avec mon père.

J'avais alors éprouvé un total désespoir que mes besoins soient jamais satisfaits et j'avais eu le désir de mourir. Non seulement j'avais réprimé ces sentiments d'impuissance, mais pour compenser, j'avais aussi créé une personnalité assez forte pour réussir *n'importe quoi*. La définition sous-jacente de ma personnalité était : «D'une manière ou d'une autre, un jour ou l'autre, *j'aurai* ce que je veux.» Il était assez intéressant de constater que j'avais réussi à créer tout ce que je voulais sauf ce qui me tenait le plus à coeur : une bonne relation avec un homme. Cette femme m'assura aussi qu'en allant au fond de ce problème et en le résolvant, je réussirai enfin à obtenir tout ce que je voulais.

Cette consultation me secoua beaucoup, mais elle sonnait juste. J'avais fini par rencontrer cet espace de désespoir que j'avais évité toute ma vie. Toutes mes relations semblaient m'avoir rapprochée de plus en plus de cet espace intérieur le plus sombre. Je savais que le moment était venu d'apprendre à aimer et à prendre soin de cet enfant intérieur blessé.

Ce fut la période la plus pénible de ma vie. J'étais seule, une partie de mes meilleurs amis s'étaient écartés de moi, mes relations amoureuses partaient à la dérive, j'étais confrontée à mon désespoir le plus noir. Autant je m'étais identifiée à la lumière, au pouvoir, à la spiritualité, autant je devais désormais m'aventurer dans mes zones d'obscurité et de peur.

Ce fut vraiment pour moi la nuit de l'âme.

L'INTÉGRATION

J'avais toujours mieux su donner de l'aide et du réconfort qu'en recevoir. Mais à cette époque, je mesurai enfin mes propres besoins et je m'ouvris le plus possible. Deux choses principalement m'aidèrent et me guérirent au cours des années qui suivirent : les programmes en douze étapes et la méthode du Dialogue Intérieur.

Les programmes en douze étapes

Quelques amis proches étaient actifs au sein des Alcooliques Anonymes et autres programmes de ce type depuis des années. Ce que j'en savais me convenait et les douze étapes cadraient bien, me semblait-il, avec ce que j'enseignais. Plongée dans mes tentatives douloureuses pour régler mes schémas relationnels, j'étudiai ces programmes de plus près. Je lus des livres traitant de l'alcoolisme et des dépendances, participai à des réunions et consultai un conseiller spécialisé dans ces problèmes.

Bien qu'il n'y eût pas d'alcoolisme dans ma famille d'origine, je me rendis compte que je correspondais parfaitement à la description de la personne codépendante — la personne qui est dépendante de relations avec des personnes dépendantes. Les codépendants mettent toute leur attention à aider d'autres personnes à régler leurs problèmes afin d'éviter de voir et de régler les leurs.

D'une certaine façon, dans cette culture, nous sommes tous codépendants à la base. L'interdépendance est naturelle; c'est le besoin humain d'amour et de contact avec l'autre. Toutefois, dans la codépendance, au lieu d'apprendre à satisfaire directement nos besoins, nous essayons inconsciemment de nous occuper des besoins des autres à leur place, avec le secret espoir qu'ils s'occuperont des nôtres à notre place. Si je vous aide à régler vos problèmes et que je vous donne beaucoup d'attention et de compréhension, vous allez m'aimer et m'apprécier, et vous ne m'abandonnerez jamais. Le problème ne tient pas à cet échange de soins bienveillants, mais à la démarche inconsciente sous-jacente, avec ses attentes et ses motivations cachées.

La codépendance mène au sentiment d'être piégé dans les relations. Nous nous engageons inconsciemment, mais avec force, à prendre soin d'autres gens et à les contenter, ce qui implique que nous ne sommes pas libres de nous contenter et de prendre soin de nos propres besoins. Nous nous sentons par conséquent pris au piège et pleins de rancune et nous avons peur de rompre la relation parce que nous nous sentons dépendants de l'autre personne pour la satisfaction de nos besoins.

La codépendance commence dès l'enfance, quand nous commençons à nous occuper des besoins émotionnels insatisfaits de nos parents. Et le schéma se perpétue durant toute notre vie, à moins que nous en prenions conscience et que nous le changions.

Selon moi, les besoins d'enfance insatisfaits et la codépendance sont les racines de la dépendance. Les gens deviennent dépendants par rapport à la drogue ou la nourriture pour remplir un vide émotionnel intérieur et échapper à l'isolement ou au sentiment d'être prisonniers qu'ils éprouvent dans leur relation à d'autres gens. Certaines personnes deviennent dépendantes dans le sens d'aider les autres pour essayer d'obtenir l'amour et les contacts dont elles ont besoin tout en se sentant maîtres de la situation.

Je me rendis compte que j'étais codépendante dans mon rôle d'aider les autres, ainsi que droguée du travail. Les deux s'accordaient d'ailleurs, puisque mon travail impliquait d'aider les autres. Durant mes loisirs, j'essayais de faire le bonheur de mes amants et amis, dans l'idée de ne pas avoir de temps pour regarder en face ma propre solitude et ma souffrance.

Comme toujours, le fait de voir tout cela clairement ne représentait qu'une première étape pour résoudre le problème. Je m'observais depuis des années répétant les mêmes schémas, avec un peu moins de refoulement à chaque fois et un peu plus de conscience, de pardon et d'amour pour moi-même.

Le programme en douze étapes constitue une voie superbe et efficace pour se guérir soi-même. Je pense que lors de la création des Alcooliques Anonymes dans les années trente, il fut vraiment canalisé depuis une source supérieure.

Nous sommes tous dépendants par rapport à quelque chose et, à notre époque, il y a au moins un programme en douze étapes pour chacun d'entre nous ! Outre les Alcooliques Anonymes, il y a aussi des programmes pour les épouses, les familles ou les amis des alcooliques ou des drogués, il y a des programmes pour les drogués, les boulimiques, les codépendants, les dépendants sexuels, les drogués de travail, etc. Il existe des associations presque partout aux Etats-Unis.

Personnellement, j'apprécie particulièrement les trois premières étapes du programme et je les utilise en permanence. Voici comment je les interprète et les paraphrase :

1. Je reconnais que je suis impuissant devant ce problème (ou cette dépendance ou cette situation). J'ai essayé de le résoudre par tous les moyens que je connais et je n'arrive à rien. Je me sens bloqué et impuissant.

2. Je reconnais qu'il y a dans l'univers une puissance plus grande que moi.

3. Je soumets ce problème à cette Puissance Supérieure et demande qu'il soit résolu de la meilleure manière possible pour mon plus grand bien et le plus grand bien de toutes les personnes concernées.

Je considère les programmes en douze étapes comme un chemin spirituel majeur dans le monde d'aujourd'hui, qui guideront plus de gens que d'autres jusqu'à leur connexion spirituelle intérieure. En fait, je vois venir le moment où des réunions du type de celles des douze étapes seront organisées partout dans le monde et fréquentées par tous. L'atmosphère de partage sincère et d'amour inconditionnel rétablira chacun dans sa complétude intérieure et créera un véritable sens communautaire avec tous les autres et avec le monde.

Le mouvement des Alcooliques Anonymes est resté pur car il n'a pas de leader. J'ai le sentiment que les mouvements spirituels sont souvent corrompus par l'ego du leader ou par celui des personnes qui essayent de les perpétuer après sa mort.

Il me semble logique que l'illumination fondamentale et populaire de la planète soit véhiculée par des gens qui acceptent d'affronter leurs aspects les plus noirs. C'est le chemin de Shiva — le chemin tantrique. Le voyage vers la lumière implique de traverser le plus profond de notre obscurité.

Le dialogue intérieur

Tanha me parla un jour d'un type de travail intéressant que lui proposait sa thérapeute et elle me donna un fascicule sur cette technique. Le processus portait le nom de Dialogue Intérieur et ses créateurs étaient deux thérapeutes, le docteur Hal Stone et sa femme, le docteur Sidra Winkelman. A peine avais-je commencé ma lecture que je sentis monter en moi l'excitation qui m'avertit toujours que je suis en contact avec quelque chose de très important pour moi. J'avais éprouvé la même sentiment en découvrant le groupe de Shirley.

Les docteurs Stone et Winkelman montrent que nous avons tous différentes subpersonnalités en nous et que chacune d'elles correspond à une énergie distincte très réelle, ayant ses propres fonctions, besoins, désirs et point de vue. Nous nous trouvons souvent en conflit avec nous-mêmes parce que nos différentes subpersonnalités sont en conflit entre elles. Dans la mesure où nous sommes plus ou moins inconscients de ce phénomène, nous n'avons aucune possibilité de comprendre ou de résoudre vraiment ces conflits internes. Il en résulte que nous n'avons pas beaucoup le choix quant à notre comportement : nous sommes à la merci de la subpersonnalité qui prend le contrôle à un moment donné pour nous orienter dans telle ou telle direction.

Nous avons, pour la plupart d'entre nous, un certain groupe de subpersonnalités qui contrôle notre vie la majeure partie du temps. Il existe un ensemble opposé de subpersonnalités, mais il est réprimé et n'a guère la possibilité de s'exprimer. Souvent, les énergies réprimées luttent pour pouvoir se manifester, tandis que les subpersonnalités dominantes s'efforcent frénétiquement de garder le contrôle.

Par exemple, un homme qui a mené une vie très réglée et conservatrice est composé de subpersonnalités dominantes rationnelles et responsables. Il a aussi des subpersonnalités réprimées qui seraient plus libres, plus spontanées et plus émotionnelles si elles pouvaient se manifester. Elles le font peut-être occasionnellement, s'il tombe amoureux ou s'il a bu quelques verres, mais ses subpersonnalités dominantes s'empresseront en principe de tout reprendre en main le plus vite possible.

Imaginons aussi une femme qui est épouse et mère, mais commence à aspirer à mener une carrière. Elle risque de connaître un conflit pénible entre sa subpersonnalité dominante — la maîtresse de maison consciencieuse — et la subpersonnalité en train d'émerger, la carriériste. La «maîtresse de maison» jugera probablement la «carriériste» égoïste et dangereuse pour la sécurité familiale, tandis que cette dernière pourra la trouver vieux jeu et bloquée. Ni l'un ni l'autre n'est vrai. Les deux sont des parties importantes et nécessaires de la même personne.

La Dialogue Intérieur est une technique permettant d'identifier et de connaître nos nombreuses subpersonnalités. Il nous donne l'occasion de devenir pleinement conscients de toutes les différentes énergies qui sont en nous et de pouvoir finalement choisir quel équilibre instaurer entre elles. Dans le Dialogue Intérieur, un facilitateur spécialement formé fait parler les différentes subpersonnalités ou «voix» du client et dialogue avec elles pour l'aider à parvenir à un point de conscience à partir duquel il puisse observer objectivement ses divers moi. Cela amène presque instantanément le client à une plus grande conscience et à commencer à pouvoir distinguer ses voix intérieures l'une de l'autre. Ce travail dérive en partie de l'analyse jungienne, de la Gestalt-thérapie, de l'analyse transactionnelle, de la psychosynthèse et d'autres thérapies puissantes. Selon moi, Stone et Winkelman ont pris parmi les meilleures choses dans tous ces systèmes pour combiner et développer ces éléments en un modèle de conscience qui est, à ma connaissance, le plus clair, complet et efficace qui soit.

Ce que je lus sur le Dialogue Intérieur me stimula beaucoup car cela clarifiait et mettait en place nombre de découvertes que j'avais faites sur moi-même. Comme toujours lorsque je me passionne pour quelque chose, je décidai immédiatement d'en savoir plus. Une amie qui connaissait Hal et Sidra m'obtint un rendez-vous.

Ils me plurent tout de suite et nous nous liâmes d'une profonde amitié. Hal est un penseur, un enseignant et un thérapeute brillant et novateur. Sidra allie la chaleur et la sagesse à une grande finesse de perception. A eux deux, ils possèdent un bel équilibre d'énergies masculines et féminines. Ce qui me frappa chez eux fut leur intégration : leur pouvoir et leur côté humain s'équilibraient naturellement. Ils sont devenus de merveilleux amis et enseignants et je suis très reconnaissante de les avoir rencontrés.

Plus je m'instruisais sur le Dialogue Intérieur, plus je l'utilisais et plus j'étais impressionnée par son efficacité. Il était stupéfiant de voir comment le fait d'écouter les voix et de leur permettre une pleine expression commençait aussitôt à faire bouger des schémas qui m'avaient bloquée, moi ou des personnes avec qui je travaillais, pendant des années.

L'un des plus importants principes du Dialogue Intérieur est que le facilitateur écoute chaque fois avec acceptation et sans jugement tout ce que les voix ont à dire. Le facilitateur fonctionne un peu comme un interviewer objectif encourageant la subpersonnalité à exprimer librement ses sentiments et ses vues. Cela encourage le client à accepter davantage *tous* ses moi, même ceux qui, dans le passé, ont éventuellement été jugés «mauvais» ou «dans l'erreur». Il semble que les subpersonnalités ont essentiellement besoin de s'exprimer, d'être entendues et comprises.

Dans le Dialogue Intérieur, le facilitateur n'essaye pas de changer ou de résoudre quoi que ce soit pour ou avec le client. Il encourage simplement tous ses moi à s'exprimer honnêtement et à être entendus. La première étape consiste, pour le client, à devenir plus pleinement conscient de toutes ses différentes subpersonnalités, dont certaines peuvent être en conflit direct avec d'autres; il lui faudra éventuellement vivre un certain temps avec la conscience de ce conflit, sans disposer d'une solution immédiate.

La solution commence à émerger naturellement de la conscience. Les voix les plus dominantes étant autorisées à s'exprimer pleinement, elles se calment un peu et leur besoin de contrôler diminue dans une certaine mesure. Un espace est ainsi créé pour les subpersonnalités reniées ou moins développées et elles peuvent se montrer et s'exprimer. Cela apporte automatiquement plus d'équilibre et d'intégration dans la vie de la personne.

En outre, quand le client commence à entendre ses propres subpersonnalités s'exprimer clairement et distinctement, il devient conscient de lui-même comme d'une entité distincte de toutes ces voix. Le facilitateur l'aide à développer ce que l'on appelle un «ego conscient» — une partie de lui-même qui ne s'identifie à aucune des voix, mais peut commencer à avoir de vrais choix conscients face aux événements de sa vie.

Hal se sert de l'analogie suivante : avant que nous prenions conscience des voix, notre personnalité est comme une voiture et la subpersonnalité qui prend contrôle à un moment donné conduit la voiture où elle le veut, tandis que nous restons enfermés dans le coffre ! Lorsque nous devenons conscients du processus, notre ego conscient conduit la voiture et choisit consciemment d'aller dans la direction désirée par telle ou telle subpersonnalité, seulement si cela est approprié.

Par exemple, quand nous ne sommes pas conscients, notre enfant rebelle peut s'emparer du volant et nous conduire sur une voie d'autodestruction sans choix conscient de notre part. A partir du moment où nous avons dialogué avec l'enfant rebelle, *et* avec le parent sévère contre lequel il se rebelle, et que nous avons pris de la distance par rapport aux deux, notre ego conscient peut choisir de faire certaines choses qui tentent l'enfant rebelle, mais à des moments appropriés, sans détruire toute notre vie !

Hal m'aida à comprendre la différence entre conscience et spiritualité. Notre nature spirituelle est un aspect de nous-mêmes que nous avons soit renié, soit développé. La conscience est conscience de tous les aspects de nous-mêmes. On peut donc être très évolué spirituellement, mais si l'on est essentiellement identifié à son moi spirituel, on est probablement inconscient de nombre des énergies opposées en nous telles que le moi instinctif, le moi sexuel, la colère ou le très ordinaire moi humain.

Beaucoup de gens du «nouvel âge» se trouvent dans cette situation : ils ont développé leur spiritualité, mais pas leur conscience. Une personne consciente connaît et cultive tous les aspects de sa nature.

En travaillant avec Hal et Sidra, je compris pourquoi toutes les disciplines spirituelles et psychologiques m'avaient paru limitées : la plupart favorisent le développement de certains de nos moi, mais pas de tous. C'est pourquoi j'avais essayé tant de choses, chaque discipline cultivant une partie différente de moi-même. J'étais ravie d'être en contact avec la compréhension de Hal et Sidra qui englobe toutes les polarités et intègre toutes les énergies qui sont en nous.

Mes expériences avec le Dialogue Intérieur me confirmèrent la vision que j'avais déjà élaborée de la relation entre l'âme et la personnalité, et de l'importance cruciale du moi enfant dans la connexion entre les deux. L'essence spirituelle s'incarne dans une forme humaine et naît comme enfant. Dans la mesure où l'enfant est extrêmement sensible et vulnérable et où le monde n'est pas un environnement très sûr ni très confortable pour lui, il commence immédiatement à développer des mécanismes de défense et de survie — des comportements lui permettant de se protéger et d'obtenir la satisfaction de ses besoins. Ces divers mécanismes deviennent les différents moi ou subpersonnalités et forment à eux tous la structure de la personnalité. Pour finir, l'enfant, et l'essence spirituelle qui est en lui, sont souvent enfouis sous la structure de plus en plus complexe et rigide de la personnalité qui essaye de le protéger. Cela revient un peu à protéger quelqu'un en le mettant dans une boîte en métal que l'on cache à un kilomètre sous terre. La protection est efficace, mais très contraignante.

C'est la raison pour laquelle il est tellement important de redécouvrir l'enfant intérieur en chacun de nous et de lui permettre de s'exprimer. Lorsque nous découvrons les véritables sentiments et besoins de cet enfant et lorsque nous commençons à le nourrir et à nous occuper de lui consciemment et efficacement, nous nous apercevons que la plupart de nos systèmes de défense rigides ne sont plus nécessaires et nous entamons un processus de détente et de lâcher prise. L'enfant revit et nous apporte de l'authenticité et de la profondeur émotionnelle, de la spontanéité, de l'innocence et de la joie. A travers lui, nous nous reconnectons à notre âme, l'essence de notre être. Nous sommes alors de nouveau en contact avec l'esprit universel, l'unité de toute vie.

Hal et Sidra montrent que nous avons en réalité les énergies de beaucoup de moi enfants différents en nous. Non seulement nous avons un enfant pour tous les âges par lesquels nous sommes passés, mais chacun d'eux a plusieurs aspects. En voici quelques-uns :

L'enfant vulnérable est le centre émotionnel de notre être. Il est porteur de nos sentiments les plus profonds et est très sensible, très aimant et facilement blessé et effrayé. Il vit au plus profond de nous-mêmes et que nous en ayons conscience ou non, réagit constamment à tout ce qui nous arrive, se sentant ou en sécurité et aimé, ou menacé, rejeté et abandonné. Il a besoin de beaucoup d'amour, de soins et d'être rassuré.

L'enfant joueur est la partie de nous qui sait s'amuser. Il aime tout simplement s'amuser, rire, avoir du bon temps et est toujours à l'affût de moyens de le faire. Certains adultes ont réussi à rester en contact avec leur enfant joueur et ce sont ceux qui savent s'amuser (mais s'ils sont trop identifiés à lui, ils peuvent avoir tendance à être irresponsables).

L'enfant magique est la partie de nous qui est en contact avec les forces invisibles de l'univers. Il aime en principe être dans la nature où il peut se relier aux elfes, aux fées, aux esprits des plantes et des animaux. Il peut aussi apprécier certains outils ou rituels tels que les baguettes magiques, cartes de tarot, cristaux, etc.

L'enfant créateur s'exprime librement et n'a pas peur de tenter de nouvelles expériences. Il aime danser, chanter, dessiner ou peindre, jouer du tambour ou d'autres instruments de musique. Il aime aussi les jeux d'imagination. Dans notre culture, l'enfant créateur est souvent réprimé très tôt par les critiques venant de l'extérieur et finalement par la critique intérieure.

L'enfant sage est étroitement relié à l'âme. C'est la partie de nous-mêmes qui voit et connaît la vérité.

Nous sommes tous mis au défi d'apprendre à répondre aux besoins de tous ces enfants intérieurs et à les protéger dans le monde. Nous pouvons ensuite abandonner peu à peu certains de nos vieux schémas inconscients de défense. En s'épanouissant, nos enfants intérieurs nous rendent capables d'inclure dans notre expérience le sentiment et la passion, l'intimité, le plaisir, la magie et notre sagesse innée.

Quant aux personnages intérieurs que nous avons pour la plupart d'entre nous développés comme mécanismes de défense afin d'assurer notre survie dans le monde, ils se présentent en résumé de la manière suivante :

Le protecteur-contrôleur est une voix conservatrice qui essaye de nous protéger en veillant à ce que nous suivions les règles et que nous nous comportions de façon à ce que notre sécurité ne soit pas menacée.

Le complaisant s'assure que nous nous conduisons toujours de manière à ce que tout le monde nous aime, nous approuve et soit content de nous. C'est un expert en divination psychologique pour savoir ce que les autres veulent afin de le leur donner.

Le perfectionniste a une image idéale de la manière dont nous devrions paraître et agir et veut que nous nous conformions en tout temps à cet idéal. Il ne se rend en général pas du tout compte que ce qu'il demande est humainement impossible.

L'incitateur nous pousse à réaliser le maximum de choses. Il aime à dresser des listes de tâches et ne connaît rien de plus important dans la vie que de s'acquitter de toutes. Lui non plus ne se rend pas compte qu'il demande l'impossible et il n'a pas la notion d'autres choses susceptibles de revêtir de l'importance dans la vie d'une personne.

Le critique nous tient en permanence au courant de nos erreurs, nos échecs, nos fautes passées, en cours ou probables dans le futur; il nous dit combien notre aspect laisse à désirer et combien nous sommes en général insuffisants. Beaucoup de gens vivent inconsciemment sous la férule de leur critique (ou d'une combinaison de perfectionniste-incitateur-critique). C'est un grand soulagement de commencer à prendre conscience de son critique et à se dissocier de lui en se rendant compte que la majorité de ses dires ne sont pas forcément vrais.

Les subpersonnalités existent en nombre infini et présentent des variantes chez chacun d'entre nous. Voici au hasard un échantillonnage de quelques-unes que l'on voit développées chez certaines personnes et relativement (ou totalement) reniées chez d'autres : la bonne mère ou le bon père, le rebelle, l'hédoniste, le rationnel, le sexuel, l'aventurier, l'artiste, le coléreux, le chercheur spirituel, etc.

A partir de ce modèle de subpersonnalités et de la méthode du Dialogue Intérieur, Hal et Sidra effectuent un travail perspicace et novateur sur les relations. L'un de leurs principes de base est que nous sommes attirés par notre polarité opposée — par des gens qui expriment les énergies que nous avons refoulées ou reniées. Une fois que nous avons appris à reconnaître de quel soi renié l'autre est le miroir et que nous utilisons le Dialogue Intérieur pour entrer en contact avec cette partie de nous-mêmes, nos conflits relationnels commencent à se transformer et à se résoudre.

Ils effectuent un travail remarquable sur les relations, qui m'a considérablement aidée. Ne pouvant développer toute leur manière de voir et de travailler avec les gens, je vous recommande vivement de lire leurs livres : *Embracing our selves* (présentation de base du Dialogue Intérieur) et *Embracing each other* (le Dialogue Intérieur appliqué aux relations), par Hal Stone, Ph. D., et Sidra Winkelman, Ph. D.

Le Dialogue Intérieur me rendit consciente que les deux moi primaires auxquels j'étais identifiée étaient mon moi «mère» et mon moi «enseignant-guérisseur-thérapeute». Mon moi mère avait pour principale fonction de veiller sur les gens de mon entourage. Mon moi enseignant en était une sorte de version élargie, qui avait pour rôle de prendre en charge, de guérir et de transformer tout le monde. Bien sûr, tout cela avait pour motivation sous-jacente d'essayer indirectement de satisfaire les besoins de mon enfant intérieur. Si j'aimais et guérissais tous les autres, je pouvais espérer qu'ils allaient tous m'aimer et, finalement, quand ils seraient tous heureux et en bonne santé, peut-être allaient-ils s'occuper de moi !

Je m'aperçus que mon identification inconsciente à ma mère-enseignante polarisait les autres dans leur rôle d'enfant-étudiant. Cela ne posait pas de problème dans le cadre d'un séminaire, mais apportait beaucoup de frustrations quand il s'agissait de mes amis, mes associés et mes amants ! Non seulement j'étais prisonnière de ce rôle face aux autres, mais encore d'autres parties de mon être n'avaient guère de chances de pouvoir s'exprimer : mon enfant, mon adolescente, mon «esprit libre», ma «petite fille ordinaire», pour n'en citer que quelques-unes.

J'appris que notre identification fondamentale ne change pas en un jour; elle nous suit peut-être en fait toute notre vie. Nous avons tendance à y revenir pour notre sécurité, en particulier dans les moments de stress. Nous pouvons toutefois devenir progressivement assez conscients pour ne pas tomber systématiquement dans le piège et pour pouvoir permettre à d'autres parties de nous-mêmes de s'exprimer davantage.

J'ai beaucoup changé au cours des deux dernières années et j'ai pu finalement laisser émerger mon enfant vulnérable. Mon problème était de ne pas très bien savoir quand il était opportun de le laisser se manifester et comment prendre soin de lui. J'oscillai entre mon moi mère et mon moi enfant sans ego conscient pour suivre ce processus. Grâce au Dialogue Intérieur, je pus développer un ego conscient et donc une plus grande conscience des subpersonnalités qui entraient en jeu à tel ou tel moment.

Le Dialogue Intérieur de Hal et Sidra Winkelman me permit de commencer l'intégration de tout ce que j'avais exploré et découvert pendant de nombreuses années, ainsi que des multiples facettes de moi-même.

La guérison de mes relations

Le travail effectué avec le Dialogue Intérieur me donna une vision beaucoup plus claire et un recul beaucoup plus grand concernant mes relations. Je vois maintenant que les hommes et les femmes qui m'attirent le plus reflètent les parties de moi-même que j'ai le plus besoin de contacter et d'exprimer. Je vois aussi comment je me bloque chaque fois que je rejoue inconsciemment mes vieux schémas, par exemple essayer de satisfaire les besoins de mon propre enfant en prenant soin des autres.

Le travail en douze étapes et le Dialogue Intérieur me rendirent tous deux consciente qu'il faut du temps et de la patience pour changer nos schémas les plus profondément enracinés. Malgré mes découvertes et mes résultats quotidiens, malgré mes progrès évidents, j'en ai pour des années avant de résoudre et de guérir mes problèmes les plus profonds. Je passe parfois par des moments de découragement et je me demande si je connaîtrasi jamais la plénitude de la liberté et de l'amour que je sais possible. Mais la plupart du temps, je suis enthousiaste car je constate que j'arrive à me connaître et à m'aimer de plus en plus et que cela se reflète dans toutes mes relations.

Le temps et mon évolution sont venus à bout de la plupart

de mes difficultés relationnelles avec mes amis. Tanha et moi décidâmes à un certain moment de régler nos problèmes en utilisant une méthode de communication structurée, dont un ami nous avait parlé et que nous adaptâmes à nos besoins. Nous eûmes recours à cette méthode à plusieurs reprises pendant quelques jours, nous asseyant pour parler pendant des heures d'affilée. Ce fut une expérience profonde, au terme de laquelle nous eûmes le sentiment de beaucoup mieux nous comprendre l'une l'autre. Depuis, nous utilisons cette méthode quand cela est nécessaire et je m'en suis aussi servie avec d'autres personnes. Vous la trouverez dans la quatrième partie de ce livre.

Nous continuâmes à travailler nos problèmes, ma mère et moi. Il devint très clair que le contexte du groupe équipe de travail-famille ne nous convenait pas. Il perpétuait plutôt l'enchevêtrement général de codépendance. Il nous fallait un intervenant objectif et nous consultâmes donc un thérapeute, individuellement et ensemble, quand ma mère était là. Cela nous fut d'une grande aide et les problèmes se réglèrent peu à peu.

Je fis la découverte essentielle qu'à un niveau profond, je ne m'étais jamais vraiment établi d'identité séparée de ma mère. Nous étions extrêmement unies. Dans les mouvances de mon enfance, elle avait été ma seule source permanente de sécurité et, notre famille se réduisant à nous deux, nous avions été émotionnellement dépendantes l'une de l'autre. Sa personnalité étant très forte, j'avais eu du mal à trouver la mienne. Comble de l'ironie, elle m'avait transmis de si bonnes valeurs que je n'avais jamais eu la moindre raison de les rejeter pour trouver les miennes comme la plupart de mes amis avaient dû le faire par rapport à leurs parents.

Je fis un grand pas en avant le jour où je compris qu'il n'y avait pas de mal à ce que nous ne soyons pas d'accord sur tout, ma mère et moi. Je ne suis pas obligée de partager son point de vue, ni de la convaincre du mien. Et nous pouvons quand même avoir toutes les deux raison.

Il me fallut travailler intensément sur ma codépendance profonde avec ma mère — ma tendance inconsciente à me sentir responsable de ses besoins et de ses sentiments. Je me rendis compte que mes réactions par rapport à elle étaient couramment inspirées par la culpabilité, ce qui me poussait dans la rancune. En fait, je pris conscience d'agir de manière générale à partir d'un profond sentiment de culpabilité. Si une personne de mon entourage souffrait, une partie de moi-même s'en sentait automatiquement responsable. C'était l'une des raisons majeures pour lesquelles je me donnais tant de mal pour guérir tout le monde. Au lieu de cela, j'avais besoin d'apprendre à ressentir mes propres besoins et à m'en occuper, à vivre d'abord pour moi-même.

Cela compris, il me fut plus facile d'avoir le sens de moi-même et de définir mon propre espace par rapport à ma mère et toute autre personne. Dès que je me sentis plus sûre par rapport à mon identité et à mon droit de vivre ma vie à ma façon, je réussis à mieux aimer et accepter ma mère telle qu'elle est sans essayer de la changer. En fait, j'apprécie ma mère pour son amour, son courage et son engagement envers sa propre évolution.

J'ai effectué un travail de guérison intérieure important avec mon père. Je me suis autorisée à ressentir tous mes sentiments par rapport à lui : la souffrance, la tristesse, la colère et l'amour. Récemment, j'ai provoqué des conversations avec lui sur mon enfance, qui nous ont permis de nous communiquer certains de nos sentiments. Ce fut une grande source de guérison pour moi, et pour lui aussi, je pense.

Il est pour moi d'une importance capitale d'avoir cultivé une relation avec un père intérieur : une partie de moi-même forte et protectrice qui veille à mes besoins et s'assure que je prends bien soin de moi. J'y puise un grand soutien.

La guérison que j'accomplis en moi se reflète dans mes relations avec les hommes. J'ai passé du temps seule, pour apprendre à me connaître et à m'aimer profondément. Bien qu'ayant toujours les mêmes schémas et tendances dans mes relations, je suis plus à même de discerner mes besoins et désirs réels. J'apprends peu à peu à être le parent de mon enfant intérieur, à savoir ce dont elle a besoin et à prendre la responsabilité de la satisfaire. Au lieu d'espérer inconsciemment d'un amant qu'il découvrira mes besoins et les satisfera, j'apprends à demander consciemment ce que je veux et trouve le moyen de me le procurer moi-même si autrui ne peut pas me le donner.

Je ne connais pas beaucoup de modèles vivants d'une relation véritablement bonne entre un homme et une femme. En fait, il me semble que la conscience humaine est en train de faire le saut jusqu'à un niveau entièrement nouveau de potentiel relationnel et que ce que nous avons connu dans le passé est beaucoup plus limité que ce qui devient possible pour nous. Je suis persuadée que nous pouvons avoir des relations qui reflètent et expriment tout l'amour, la profondeur, le plaisir, la passion et l'extase que contiennent nos âmes.

Ma guidance intérieure me montre ce qui est possible pour moi et pour tous ceux qui se sont lancés dans ce voyage. Je ne sais pas comment arriver à ce stade — je ne peux que demander à l'univers de m'apprendre, à chaque instant, à chaque pas.

Ce n'est pas un hasard si j'ai reçu le nom spirituel de Shakti. Je me suis engagée dans une voie tantrique — le voyage qui nous conduit des régions occultes, sombres, inconnues de la vie jusqu'à la lumière de l'autoréalisation. Dans la tradition tantrique, Shiva et Shakti représentent le masculin et le féminin cherchant la totalité à travers leur union. La relation devient l'enseignement spirituel essentiel et je suis une étudiante à vie de cet enseignement.

L'ÎLE JARDIN

En-dehors d'une brève escale au retour de mon voyage autour du monde, je n'étais plus allée à Hawaii depuis mon séjour au Japon à l'âge de dix-sept ans. Je fus donc ravie lorsqu'on m'invita à donner un séminaire à Honululu. Ma mère était à cette époque en visite chez une amie sur l'île de Kauai et j'allai d'abord passer une semaine là-bas.

En atterrissant à Kauai et bien que n'y étant jamais venue auparavant, j'eus immédiatement l'impression d'arriver chez moi. L'éclatante beauté du lieu me frappa. Une telle luxuriance ! On aurait dit l'énergie de la déesse, matérialisée dans une île. Nageant dans les eaux turquoises, le regard levé vers les falaises verdoyantes, j'éprouvai un mélange de force et de paix. Les pluies fréquentes me nettoyaient et me guérissaient. Au moment de partir, je sus que j'allais revenir.

Je revins dans ces îles à plusieurs reprises l'année suivante pour donner des séminaires à Oahu, Maui et Hawaii, ainsi que pour prendre un tout petit peu de temps pour moi à Kauai. Lors de l'un de ces séjours, je trouvai une grande et belle maison à louer pour des retraites. Je pris la décision d'y organiser une retraite de trois semaines l'été suivant.

Ce fut une expérience sans pareille. Le cadre était d'une incroyable beauté. Perchée sur une falaise, la maison dominait une magnifique plage protégée. Nous fîmes du yoga tous les matins, avant notre travail de groupe, pour ensuite, l'après-midi, nous promener, nager dans l'océan, jouer sur la plage et explorer l'île. Le soir, nous dansions, chantions ou faisions des activités artistiques.

Le groupe travailla sur la connexion avec l'enfant intérieur et son expression. L'endroit s'y prêtait parfaitement : l'île apportait sa beauté et son soutien, la maison et le groupe lui-même constituaient un environnement sécurisant et agréable.

Il se passa quelque chose de magique : comme si tous nos enfants intérieurs profondément enfouis avaient assez confiance pour se manifester et jouer. Tout le groupe devint un espace psychique d'innocence, d'ouverture et d'émerveillement. Non seulement le groupe vit la complicité émotionnelle se développer en une intimité profonde, mais aussi émerger une énergie de jeu et de création considérable.

La maison n'étant pas suffisamment grande pour loger tout le monde, certains participants vivaient dans le voisinage. Des soirées câlines s'organisèrent spontanément, les gens décidant de dormir ensemble comme des enfants. La plupart du temps, ils étaient tout un groupe à dormir par terre dans le salon de la maison. S'il y eut de l'énergie sexuelle, elle prit un parfum de pré-adolescence très innocente et ludique. Personne ne vivait de sexualité à proprement parler, nous nous amusions.

Je découvrais le monde avec un regard nouveau, par les yeux de mon enfant intérieur. Tout paraissait particulièrement lumineux et scintillant, très réel et très vivant. Je compris que cette île était un endroit magique où je pouvais connecter et exprimer l'essence de mon être.

En communion avec l'île

L'été suivant, j'organisai une autre retraite à Kauai, mais j'y fis auparavant une retraite personnelle d'un mois. Ce fut une période intense. Je passai plusieurs heures chaque jour sur une plage isolée que j'avais découverte, le lieu le plus beau et le plus magique que j'aie jamais vu. Là, il me semblait avoir remonté le temps; en fait, je me sentais au *commencement* du temps.

J'éprouvai l'étrange sentiment d'être sur mon lieu d'origine. Je m'aperçus que le sable était de la même couleur que ma peau et l'image me vint que j'étais réellement née, ou avais été crée, à partir du sable de cette plage.

Sur le sentier qui y menait, il me semblait que je faisais la transition entre ma personnalité et mon âme. J'avais le sentiment d'entrer en méditation profonde. Sur la plage, je me sentais en contact non seulement avec mon âme, mais aussi avec une partie merveilleusement primitive de moi-même. J'étais complètement consciente de mon corps et en harmonie avec lui; un bel animal devait avoir cette sensation, me semblait-il. Parfois, je me sentais une déesse de la nature. Et bien sûr, mon enfant intérieur adorait venir dans cet endroit et y jouer.

J'aimais nager dans l'océan presque plus que toute autre chose (cette activité occupe l'une des trois premières places dans mon hit-parade, avec faire merveilleusement l'amour et danser aux sons d'une musique fantastique). En été, l'eau était chaude, bleu turquoise et si salée qu'il était facile de flotter sur le dos, le regard levé vers les nuages cotonneux qui se promenaient dans le ciel. Parfois, des dauphins passaient près de moi.

Tandis que je nageai, je me surpris à adresser des prières à l'esprit de l'île — à tous ses dieux et déesses. Je remerciai d'avoir eu l'occasion de venir en un lieu aussi nourricier et demandais les bénédictions de l'île. Je demandai également que l'on me montre comment je pouvais me rendre utile en cet endroit. En retour, je sentis que l'île me parlait. Bien sûr, une forte voix sceptique s'est toujours élevée en moi : «Que dis-tu, l'île te *parle* ? Pure imagination !» Pourtant, je fais parfois l'expérience puissante et claire de recevoir une information. Et dans ce cas, souvent je ne comprends vraiment cette information que plus tard.

Ce que l'île me communiquait, autant en impressions sensibles qu'en mots, ressemblait à ceci :

«Bienvenue, je suis heureuse de ta présence. En fait, c'est moi qui t'ai appelée ici. Je peux être une grande source de guérison pour toi. Mais je t'ai aussi appelée parce que j'ai besoin de ton aide. Je livre présentement une grande bataille. Je suis dotée d'un fort esprit guerrier qui n'a jamais été conquis, mais j'ai besoin que toi et ceux que tu amènes s'alignent avec moi dans la conscience. A travers vous tous, je peux apporter ma puissance dans le monde des humains.»

Je recevais souvent ce genre de messages. Un sentiment intense les accompagnait, mais leur sens véritable m'échappait en partie. Je devinais qu'il s'agissait éventuellement de la question du développement face à la protection de l'environnement, qui constituait un grave problème sur l'île. Kauai se développait rapidement et il était à craindre que l'île ne succombe au même genre de surdéveloppement que connaissaient Oahu et Maui.

Je me demandai si je devais m'engager politiquement et prendre une part active dans cette situation. Chaque fois que je contactais cette possibilité, j'avais le sentiment que je ne devais rien *faire* à ce moment-là et simplement garder la communication ouverte et attendre des instructions.

Cet été-là (1987), on parlait dans les milieux nouvel âge de la Convergence Harmonique — deux jours d'août qui devaient marquer un tournant dans la conscience du monde.

Je dois avouer que je suis très sceptique quant à la plupart des prédictions et des événements du «nouvel âge». Je suis convaincue que nous sommes entrés dans un nouvel âge et je me considère comme faisant intégralement partie du changement de conscience considérable qui se produit dans le monde. Toutefois, je trouve que beaucoup de gens participant au mouvement nouvel âge ont fait passer leur esprit tellement loin devant leur forme qu'ils sont très mal enracinés. En termes de Dialogue Intérieur, ils ont développé leurs aspects magique et spirituel et se sont identifiés à eux, tout en réprimant, ou du moins sans développer autant, leurs moi humain, physique, primaire. Ils essayent de vivre dans la lumière et laissent l'obscurité derrière eux au lieu d'englober les deux, lumière et obscurité, comme étant le yin et le yang de l'existence. A mon avis, ils ont dangereusement perdu le contact avec la réalité physique.

La Convergence Harmonique me paraissait donc encore une de ces belles idées spirituelles éthérées et je ne lui accordai pas beaucoup d'attention. Toutefois, alors que le moment s'en rapprochait, j'eus une expérience intéressante qui semblait avoir un rapport avec elle. Environ quinze jours avant la date prévue, je me sentis pendant à peu près quatre jours dans un état de conscience modifié. Je fus le canal d'une grande quantité d'informations et d'idées créatrices concernant à la fois ma vie, mon destin personnel et le monde dans son entier.

J'eus le sentiment que non seulement l'île mais la Terre elle-même communiquait avec moi. Elle me dit que nous vivions vraiment un tournant majeur de notre relation avec elle. Nous avions atteint le point extrême de notre voyage humain dans l'individualité et la séparation et que nous commencions à revenir vers l'intégration et l'équilibre. Elle me dit qu'il avait été nécessaire de développer essentiellement l'énergie masculine sur une longue période et qu'à présent, le principe féminin, incarné dans la Terre elle-même, reprenait sa place dans notre conscience. Je reçus l'image selon laquelle la Terre, notre mère si patiente, était en train de devenir une enseignante plus exigeante. La plupart des idées que j'ai exprimées dans la première partie de ce livre me vinrent à ce moment-là.

J'avais déjà reçu l'image de l'humanité qui, ayant quitté l'innocence du Jardin d'Eden afin d'acquérir la sagesse de l'expérience, retournerait dans ce jardin pour intégrer sagesse et innocence, corps et esprit, et créer un paradis physique sur la Terre. J'avais aussi reçu le titre de mon livre : *Retour au Jardin.* Et bien sûr, je découvris que Kauai était traditionnelement connue comme L'Ile Jardin. Je pensai aussitôt que j'étais née dans l'Etat Jardin et que je revenais maintenant à l'Ile Jardin.

Mon propre voyage personnel me donnait l'impression d'un tracé microcosmique clair du voyage macrocosmique de l'humanité. Tôt dans ma vie, j'avais été séparée de mon essence spirituelle, de mon moi enfant, de mon aspect féminin, afin de développer une forte énergie masculine qui me permit de me protéger et d'accomplir ma mission dans le monde. Cette partie de mon voyage était achevée, le moment était venu pour moi d'intégrer les parties qui avaient été enfouies. J'avais été attirée sur l'île jardin pour reconnecter mon enfant intérieur, mon essence spirituelle, mon pouvoir féminin et l'esprit de la Terre. Je sus que ce lieu devait devenir mon foyer, pour que je puisse en utiliser l'immense puissance pour guérir mes blessures psychologiques, apprendre comment vivre sur la Terre et l'enseigner aux autres.

La découverte de mon foyer

Au cours de mon existence bohème, je n'avais jamais eu de foyer. Jamais ma mère n'avait acheté de maison, prétendant que c'était trop de soucis. Elle préférait louer et laisser le propriétaire régler les problèmes.

Mon comptable me conseillait depuis un certain temps d'acheter une maison sous peine de reverser la plus grande partie de mes gains au gouvernement. Je me mis donc en quête d'une propriété à Kauai. J'en visitai beaucoup de belles et fis mon choix. Je n'aimais pas tout dans la maison en question, mais certaines choses me poussèrent à me décider. Elle était en vente depuis assez longtemps sans trouver de client. Je fis une offre et me mis à me voir en propriétaire de cet endroit. J'étais alors prise par ma retraite, mais dans mes moments de loisir je rêvassais, m'imaginant vivre dans ma nouvelle propriété et y créant un centre de séminaires.

A la fin de la retraite, j'appris que quelqu'un avait offert davantage pour cette maison et qu'elle était vendue ! J'étais choquée et incrédule. J'avais été tellement persuadée qu'elle était pour moi, j'en voulus à l'univers de m'avoir trompée !

J'étais désemparée et remis donc l'affaire à mon retour, après ma tournée de séminaires sur le continent. Je projetai de m'installer à Kauai d'ici environ une année et de passer la moitié de mon temps sur l'île et l'autre moitié en Californie.

Je revins plusieurs fois au cours des mois qui suivirent et il devint évident que je devais acheter la maison que je louais pour les retraites. Bien qu'elle fût à vendre, je n'y avais pas songé car, même si elle convenait pour des séminaires, elle était d'une architecture bizarre. Le site était toutefois enchanteur, avec l'une des plus belles vues que je connaisse, ainsi qu'un accès à ma plage favorite. La propriété comportait aussi deux cents hectares de terre vierge. Tim Star, l'entrepreneur, me montra comment modifier la construction de manière à la rendre éblouissante. Et elle me fut proposée à un prix incroyablement bas et avec des conditions merveilleuses. Tout jouait si parfaitement et avec une telle facilité que je savais que le choix était juste. J'eus des remords de ma colère antérieure à l'égard de l'univers puisque je voyais à l'évidence que ce choix était de loin meilleur que celui que j'avais fait précédemment. En fait, je pense avoir été sauvée d'une grosse erreur.

En janvier 1988, je devins la propriétaire encore toute étourdie de mon premier foyer, une belle propriété au paradis !

Je ne suis toujours pas habituée à l'idée de posséder une bien immobilier. N'est-ce pas d'une drôlerie ironique que les humains puissent se croire «propriétaire» d'un morceau de la Terre ? N'a-t-il pas été là déjà depuis au moins quelques millions d'années ? Quelle pensée stupide et arrogante de croire pouvoir le posséder et le contrôler !

Il y a quelques années, un cyclone toucha Kauai et ravagea nombre de maisons et de propriétés, mais curieusement ne tua personne. J'aime à penser que si Kauai se lasse trop de ce que les humains lui font subir, il lui suffit d'appeler un autre cyclone pour aplatir en quelques secondes toutes nos précieuses constructions si coûteuses.

A la place de l'idée de posséder, je mets plutôt instinctivement celle de gérer. J'ai le sentiment que cette terre m'a été confiée pour que j'en prenne soin. Je crois que l'esprit de cette terre lui-même me guide et que j'ai pour travail de me connecter à cette guidance par mon intuition et à la suivre. Ainsi, avant que moi ou ma famille de Kauai ne construisions ou ne plantions quoi que ce soit, nous demandons à la terre et aux autres êtres qui vivent déjà là leur permission. Si nous percevons la moindre résistance, nous modifions nos plans jusqu'à ce que le bon moment arrive. Nous avons obtenu de cette manière des résultats intéressants et féconds.

Environ une année plus tôt, nous avions vu, Dean et moi, le film *Witness* sur les Amish de Pennsylvanie. Il comporte une belle scène dans laquelle tous les voisins s'unissent pour construire une grange. Je crus que Dean allait bondir d'enthousiasme. Par la suite, il me parla sans cesse de sa vision d'une communauté de famille et d'amis travaillant ensemble pour construire quelque chose de beau. Je partageai cet enthousiasme. Le moment était venu de traduire cette vision en actes. Les gens que j'aimais et qui s'aimaient entre eux allaient faire les aménagements de ma maison et s'impliquaient dans le projet de construire un lieu de beauté, empli du pouvoir de l'esprit.

Mais peu après l'achat, le propriétaire du terrain voisin commença à bâtir à côté de chez moi. Je l'informai de mon intention d'organiser ponctuellement des retraites et il en fut très contrarié, au point de s'y opposer.

Un jour où j'étais profondément découragée, je me rendis sur la plage pour méditer sur ce que je devais faire. Je pensai : «Oh, mon Dieu, je viens d'acheter cette maison si chère, pour laquelle j'ai des projets d'agrandissements et de réaménagement et maintenant je ne sais plus à quoi cela va servir !»

Pendant que je méditais, la guidance me vint clairement et j'entendis, comme avec une pointe de raillerie : «Tu es dans tous tes états simplement parce que tu crois devoir tout *savoir*. La vérité est que tu n'as aucune idée de ce que tu vas faire de tout cet espace. Mais ce n'est pas grave car moi, je sais, et je t'informerai quand ce sera le moment. Ce sera tout nouveau, ce sera une nouvelle phase de ta vie. C'est la raison pour laquelle tu ne la vois pas encore. Contente-toi donc de suivre tes impulsions créatrices et regarde ce qui se fait facilement et ce qui bloque. Tu es en train de faire exactement ce qu'il faut, continue, bâtis ta grande et belle maison. Tu es en train de construire ta nouvelle structure, qui est assez grande pour exprimer ton esprit. Construis le logis de tes rêves pour pouvoir loger tes rêves.»

Epuisée

Durant les deux dernières années, une femme remarquable, Manuela, vint vivre avec moi et remplit les fonctions de secrétaire privée, gouvernante, conseillère, amie et, pour résumer, de «bras gauche» (Kathy Altman étant toujours mon «bras droit»).

J'avais exactement besoin d'une présence comme la sienne. Non seulement elle m'aida énormément dans tous les aspects pratiques de ma vie, mais elle devint une merveilleuse amie. Nous traversions toutes les deux une période relationnelle difficile et nous pûmes nous apporter réciproquement un grand soutien émotionnel.

Toutefois, malgré l'aide considérable de Manuela, j'étais toujours plus épuisée. Je travaillais tellement et depuis si longtemps, donnant tant d'énergie à tant de gens sans savoir comment me ressourcer que je me vidais. Mes problèmes relationnels m'avaient anéantie au niveau émotionnel. Je commençais à voir comment la codépendance, à l'instar de l'alcool, peut littéralement tuer. Je tombai dans un schéma où je me réveillais à l'aube et ne pouvais plus me rendormir, ce qui ne me laissait pas beaucoup d'heures de sommeil par nuit. J'étais trop prise pour avoir une activité physique régulière et, pour la première fois de ma vie, je pris des kilos superflus.

J'avais trente-neuf ans et je voyais se rapprocher le 30 septembre de mon quarantième anniversaire. J'avais toujours été en bonne santé, pleine de vie, avec un corps svelte et jeune. Je n'avais absolument jamais envisagé la perspective de vieillir. J'avais littéralement vécu dans l'idée que cela ne m'arriverait jamais et c'est à mon avis une présomption normale de la jeunesse. Dans mon cas, elle était renforcée par ma croyance métaphysique en la possibilité de transcender dans une large mesure le processus de vieillissement que nous connaissons en vivant en harmonie avec l'énergie vitale et non en opposition à elle. Je m'étais toujours imaginé que d'ici que je sois concernée par le vieillissement, j'aurais atteint un tel degré d'illumination que ce ne serait plus un problème !

Imaginez ma surprise quand je me retrouvai soudain face au fait que j'allais avoir quarante ans. Je ne pouvais tout simplement pas le croire. Intérieurement, je me sentais encore dix-sept ans. Pour couronner le tout, mon corps se transformait, indubitablement. Ma peau était différente, j'avais cinq à huit kilos de trop et je me sentais flasque.

Ma mère, qui avait toujours été mince, commença à prendre du poids à quarante ans. Je m'aperçus que j'avais depuis longtemps, de manière latente, la peur qu'il m'arrive la même chose. Mon corps obéissait à ce conditionnement inconscient et commençait à le concrétiser.

Je me sentais étrangement impuissante face à ce problème. Mon corps me donnait l'impression de vivre sa programmation profonde, tant personnelle que sociale, et de me l'imposer. Je ne pouvais ni arrêter le processus, ni le modifier, ni le court-circuiter. En même temps, je sentais que l'anxiété liée à ce problème allait en partie disparaître, mais sans aucunement savoir comment ou quand.

J'étais consciente d'avoir besoin d'un temps de repos et j'attendais avec impatience de passer l'été à Kauai, où j'aurais à peu près un mois avant notre retraite estivale.

J'arrivai à Kauai, déterminée à consacrer l'été à mon repos et ma guérison; à avoir à l'égard de moi-même toute la sollicitude dont j'étais capable. J'avais envie de nager dans l'océan, de prendre des bains de soleil, de soigner mon corps, de participer au réaménagement de ma maison et de fêter la mise en place de mon nouveau foyer sur l'île.

Kai Mana

Chez moi, c'était le chaos total. Mon équipe vivait dans la maison depuis six mois pour y réaliser les réaménagements. Ils avaient enlevé diverses parties du toit. A mon arrivée, le salon avait perdu son mur de façade. Chats, oiseaux, poules et mouches allaient et venaient tout à leur aise dans la maison. Outils et seaux de peinture gisaient dans tous les coins et puisque la moquette devait être remplacée, tout traînait par terre et nul ne s'en souciait.

Etant normalement d'une organisation et d'une propreté impératives, je m'attendais à être très malheureuse dans cette pagaille. Curieusement, je m'y plu. C'était une maison comme en rêvent les enfants, où l'on peut faire autant de désordre que l'on veut sans avoir à ranger ensuite ! M'attribuant une chambre, je réussis à en faire un havre relativement ordonné, tout en appréciant de m'abandonner à la totale confusion qui régnait partout ailleurs.

Dean était dans son élément, tel un chevalier bâtissant un beau château pour sa reine. Tim Star avait conçu un magnifique projet et Dean le réalisait avec une merveilleuse compétence et l'aide de toute la famille. Le fait que ma maison soit créée avec tant de soin par les gens qui m'aimait m'inspirait un sentiment particulier qui m'emplissait de reconnaissance.

A la mi-août, les travaux s'achevèrent et la maison était véritablement magnifique : simple et spacieuse, avec une vue ravissante de tous les côtés. Ma chambre est pour moi la plus belle du monde. Claire, gaie et tranquille, elle donne sur la plage et l'océan.

Nous organisâmes une fête à laquelle participèrent nombre de mes amis venus du continent, qui restèrent une semaine. Lors d'un rituel, nous demandâmes la bénédiction de l'île et de l'esprit de cette terre. Le nom choisi pour mon nouveau foyer fut «Kai Mana». En traduction libre, cela signifie «océan de pouvoir». Notre voeu fut que Kai Mana soit toujours un lieu de guérison et de transformation.

J'avais le sentiment que notre tribu se retrouvait dans son nouveau (ou ancien) foyer. J'eus une image de nous comme des chevaliers de la Table ronde, appelés à se réunir pour remplir une mission spéciale, pour manifester nos visions dans la réalité physique.

Tristan

Enfant, j'avais toujours rêvé d'un cheval arabe. Ayant de la place dans ma propriété, je décidai que l'une des bontés que je pouvais avoir envers moi consistait à acheter ce cheval de mes rêves ! Je me dis qu'une relation avec un cheval pouvait pour quelque temps apaiser partiellement mon besoin de relation avec un homme. Je découvris un élevage de chevaux arabes sur l'île et achetai Tristan, dont le nom me sembla approprié, puisque c'était celui d'un chevalier dans la très romantique histoire de Tristan et Iseut. Il n'avait que trois ans, il était superbe avec sa robe sombre (couleur chocolat), intelligent, vif, absolument fabuleux !

Son dresseur, Sarah, me donna des leçons et continua à s'occuper de lui. Ce ne fut pas facile pour moi, mais j'étais contente. La relation aux chevaux avait pour moi quelque chose de très familier et naturel, comme le souvenir d'une vie passée. Lorsque je brossai la crinière de Tristan, j'avais toujours l'impression d'être un guerrier indien avec son poney.

Ironiquement, ma relation avec Tristan se révéla très analogue à celles que j'avais avec les hommes ! Il n'était d'ailleurs pas sans ressembler aux hommes qui m'attiraient : jeune, intelligent, superbe, inexpérimenté, un peu sauvage et pas très facile. Il me demandait énormément de temps et d'énergie et, dans ma relation avec lui, je dus faire face à une grande partie de ma peur. Cette relation m'apprit les mêmes leçons que les autres : comment mettre des limites nettes, communiquer mes besoins de manière claire et directe et garder mon pouvoir au lieu de le lui donner. Ce fut un défi fascinant, qui ne fit que démontrer que l'on ne peut échapper à son processus, quoi que l'on fasse.

Un jour où je le montais seule, ayant bien pris confiance, il galopait vite lorsque quelque chose l'effraya. Il fit un brusque écart et ce dont je me souviens ensuite est que je gisais sur le sol. En me redressant, je m'aperçus que j'étais couverte de sang qui coulait de mon visage. N'ayant apparemment rien de cassé, je ramenai Tristan au ranch où il poursuivait son dressage. Il n'y avait personne. Je le mis dans son box, puis repris ma voiture pour rentrer chez moi. A mon arrivée dans la maison, tout le monde poussa des cris. Je vis alors dans une glace que tout mon visage et ma poitrine étaient couverts de sang.

Dean me conduisit à l'hôpital où l'on me fit six points de sutures (les seuls que j'eus jamais), pour fermer une profonde entaille à la face. Elle s'est bien guérie, mais j'ai maintenant une cicatrice visible sur la joue droite.

Il est intéressant de noter que lorsque j'atterris sur le sol, ma première pensée fut que je passai un genre de rituel guerrier. Une partie de moi paraissait savoir que je devais le subir et en retirait de la fierté et presque de l'exaltation. Je considère cette cicatrice comme une blessure de guerre et en suis plutôt contente.

Quelques mois plus tard, Tristan se prit une patte dans une clôture en fils de fer barbelés et se l'ouvrit jusqu'à l'os. Il fallut plusieurs mois de soins importants, mais tout va bien maintenant. Lui aussi est passé, semble-t-il, par une initiation et il porte sa blessure de guerre.

Mon quarantième anniversaire

Il devint de plus en plus évident pour moi que je devais changer complètement ma manière de vivre. Il me fallait diminuer le travail et les responsabilités et me donner davantage de soins, de soutien nourricier et de plaisir. Il me semblait avoir passé des années à donner au monde, je voulais désormais simplement me donner à moi-même.

Je pris la décision de cesser d'animer des séminaires après mon anniversaire. Je voulais me reposer à Kauai pendant plusieurs mois et écrire mon nouveau livre.

Tandis que mon anniversaire approchait, mon sentiment se renforçait que j'avais fait une sorte de pacte avant ma naissance. Selon ce pacte, j'allais passer les quarante premières années de ma vie à m'efforcer de donner ma contribution au monde et ensuite, j'allais être libre de vivre pour moi-même.

J'ignore avec qui je fis ce pacte, et même s'il a vraiment eu lieu, mais j'avais conscience d'atteindre un tournant de ma vie. Il me semblait passer une porte donnant sur la liberté.

Je passai le plus clair du jour de mon anniversaire sur la plage à marcher et à méditer. Je m'interrogeai sur ce que j'espérais de l'année à venir et reçus cette réponse simple et puissante : «Aimer et être aimée. Je ne veux qu'aimer et être aimée.»

Je savais que cette année correspondrait à une phase de lâcher prise par rapport à une grande partie de la complexité extérieure de ma vie pour entrer davantage dans la simplicité de mon coeur.

Transformation

Les six mois que je passai sur l'île pendant la rédaction de ce livre constituèrent une merveilleuse guérison. Pour la première fois depuis des années, je ne donnai aucun séminaire et n'eus aucun contact avec le public. Je me reposai, me détendis et dormis beaucoup. Je trouvai la paix, la tranquillité, le calme. Mon attention se porta essentiellement sur moi et non sur autrui. Et l'incroyable beauté de la nature environnante me nourrit.

Je passai du temps seule, m'abandonnant à mon sentiment de solitude et de vide, entrant en lui au lieu de le fuir. Bien que ce soit au départ effrayant et difficile, chaque fois que je le fais, je découvre que ce vide en moi se remplit du pouvoir de ma propre âme, ce qui me donne un incroyable sentiment de plénitude et de richesse.

En m'abandonnant au sentiment de vide, je me permets de découvrir le pouvoir de l'aspect féminin de mon être. Le vide comprend l'ouverture, une réceptivité qui a le pouvoir d'attirer tout ce dont il a besoin et qu'il désire. J'attire de plus en plus d'amour dans ma vie, de multiples sources.

Je sens une connexion plus profonde et plus forte avec ma propre essence et elle se reflète dans ma relation avec mon corps.

Mon énergie fut réalimentée et renouvelée et je me sens de nouveau en pleine santé et en forme. L'énergie que j'ai libérée m'apporte une nouvelle force et une nouvelle vitalité. Je me sens jeune et très vivante.

J'ai toujours été très attentive aux besoins alimentaires de mon corps et ai toujours mangé avec beaucoup de conscience. Je ne suis aucune règle, mais mange seulement ce dont j'ai vraiment envie et essaye de voir ce qui est sain et nourrissant pour moi. Ces derniers mois, je m'aperçois que mes besoins changent et, la plupart du temps, je mange d'une manière plus saine et plus simple que jamais auparavant, en particulier quand je me trouve sur l'île. J'aime marcher et nager et essaye de le faire tous les jours. (Mais certains jours, j'ai simplement besoin de me laisser aller.)

Un jour, récemment, je fis une expérience intéressante. C'était une magnifique journée d'été et, tandis que je marchais sur la plage, je vis l'une de mes amies faire du yoga. C'est une femme ravissante et très avancée en yoga. Tandis qu'elle passait d'une posture à l'autre, elle était d'une telle beauté que je dus littéralement m'arrêter pour reprendre mon souffle.

En la regardant, je me sentis passer dans un état modifié de conscience. Je vis une énergie rayonnante émaner d'elle et soudain, je fis l'expérience d'un nouveau niveau de vitalité dans lequel je commence à entrer. Je compris que je n'avais rien à faire, mais que je devais simplement suivre mon expérience qui continuera à me conduire dans cette direction. J'éprouvai un grand désir de faire plus de yoga et je lui obéis. Le yoga fut ma première démarche consciente de cette vie dans la voie spirituelle et c'en est toujours un élément important pour moi.

J'ai aussi très envie de recommencer à danser. Je l'ai fait de manière sporadique au fil des ans, mais j'aimerais m'y consacrer plus directement. Mon corps et mon esprit ont besoin et envie de danser.

De nouvelles directions

Je donnerai probablement des séminaires de manière occasionnelle dans l'avenir. La façon dont je m'exprime est en train de changer. J'aimerais passer à des expériences de théâtre de la transformation, incorporant la musique, la danse, le drame et la comédie, et auquel participent les spectateurs. Depuis plusieurs années, j'ai le sentiment que le théâtre peut nous permettre d'opérer dans nos vies les mêmes changements essentiels que les séminaires et en nous amusant davantage !

Je continue à m'harmoniser à l'esprit de Kai Mana et à lui demander de me diriger vers son but. J'ai compris que Kai Mana est d'abord ma maison personnelle, une retraite pour moi, ma famille spirituelle et mes invités. Aussi étrange que cela puisse paraître à la majorité d'entre vous, ce fut pour moi un grand pas à franchir que de reconnaître que j'avais besoin d'un foyer privé et de faire passer ce besoin avant mon désir d'offrir aux autres un lieu de guérison. C'est très symbolique du fait que je mets enfin mes limites personnelles et que je prends d'abord soin de moi.

J'ai aussi reçu la guidance de créer un centre de retraite plus grand ailleurs sur l'île. J'aimerais que ce soit un beau lieu de guérison dans lequel les gens pourraient séjourner plusieurs semaines ou mois et passer par un processus complet de transformation, physique, émotionnel, mental et spirituel. Ce sera un endroit où les gens pourront apprendre à vivre différemment, en harmonie avec leur propre esprit et celui de la Terre. J'ai la vision que les gens viendront là pour guérir et apprendre, puis retourneront chez eux avec leur expérience afin de la transmettre aux autres et de les aider à guérir.

D'une manière un peu inattendue, je me suis trouvée impliquée dans la vie politique de l'île. Il y a peu de temps encore, elle était sous le contrôle d'un gouvernement très pro-développement et ce développement commercial menaçait de compromettre rapidement sa beauté. Un nouveau maire vient d'être élu, une jeune femme charmante et puissante, qui se consacre à une planification adéquate et à trouver l'équilibre entre la croissance naturelle et la préservation de l'environnement.

Elle et tous ceux qui se soucient de trouver cet équilibre doivent livrer un rude combat. Les promoteurs sont puissants et déterminés, et disposent de fonds presque illimités. Il y a par ailleurs beaucoup de schémas bien implantés et donc difficiles à changer tant dans le gouvernement que dans la société. Mais de plus en plus de gens commencent à se rendre compte que l'intégrité de la terre est gravement menacée et ils se préparent à la défendre.

Plus je fus informée sur ce sujet, mieux je compris les messages que j'avais reçus de l'île. Je crois que la Terre elle-même appelle ceux d'entre nous qui peuvent l'entendre, lui demandant de la protéger et de la défendre de toutes les manières possibles.

Une chose semble claire : nous pouvons agir efficacement pour protéger l'environnement et transformer l'attitude de l'humanité à l'égard de la terre en sortant de notre position de victime et en mettant en accusation ceux qui détiennent aujourd'hui la plus grande partie du pouvoir. Nous devons trouver notre propre pouvoir et des moyens efficaces de défier ces gens-là. Lorsque je découvris le pouvoir considérable de l'argent dans le monde politique, je m'intéressai pour la première fois de ma vie à en gagner et-ou en attirer. Je veux l'utiliser pour contribuer à réaliser le type de changements que je crois nécessaires dans ce monde.

L'île est mon lieu de pouvoir essentiel en cette période de ma vie. Je lui vois un certain destin en tant qu'environnement où une grande transformation peut se produire et elle sera un modèle pour le reste du monde. Il existe à mon avis beaucoup de lieux puissants de ce genre sur la terre aujourd'hui. Certains sont très isolés tandis que d'autres sont au coeur des villes.

J'exhorte ceux d'entre vous qui sont touchés par mon message à s'harmoniser à la terre où qu'ils soient et à trouver ce qu'elle a à leur dire. Demandez ensuite à votre intuition de vous guider pas à pas dans votre voyage personnel vers le monde nouveau et conscient que nous sommes en train de créer ici, sur la Terre. Ensemble, retournons au Jardin.

Epilogue

Depuis la publication de ce livre, il y a un an, toute une série d'événements remarquables se sont produits dans ma vie. Je vous les raconterai en détail dans mon prochain livre, mais je tiens à ce que vous en connaissiez l'issue, puisqu'elle marque la fin de cette phase de mon voyage.

Peu après la sortie de *Retour au Jardin,* j'entrai en contact avec un homme fort, beau et aimant. Je sus immédiatement qu'il serait mon compagnon et le père de mes enfants. Il le savait aussi et il ne tarda pas à venir vivre avec moi sur l'île.

Le mois dernier, notre mariage eut lieu lors d'une cérémonie magique sur une falaise surplombant l'océan. J'éprouve un contentement profond et en même temps de l'exaltation face au défi que représente cette nouvelle aventure — le voyage de l'amour et de l'engagement profond. Main dans la main, nous découvrons ensemble le Jardin.

Shakti Gawain
18 septembre 1990

Troisième partie

NOTRE VOYAGE

UNE FABLE

Au commencement était seulement la Femme, radieusement belle, existant dans un état de béatitude sereine. Un jour, la Femme prit conscience de son désir d'avoir un compagnon, afin de pouvoir connaître l'expérience de donner et de recevoir de l'amour comme elle connaissait le contentement en elle-même. Puisqu'elle ne faisait qu'un avec le principe créateur, sa pensée et son désir créèrent aussitôt un enfant mâle né d'elle. Il était jeune et nouveau-né, aussi veilla-t-elle sur lui.

Il grandit et devint un jeune homme fort et beau. La Femme l'adorait et il le lui rendait. Mais il n'était pas encore assez puissant pour devenir son partenaire. Il lui fallait faire l'expérience de la vie.

Aussi, un jour, il l'embrassa et lui dit au revoir, en jurant de revenir vite, puis partit à la recherche de la connaissance et du pouvoir dans le monde.

Il rencontra maints obstacles et dangers. Souvent il eut peur et hésita sur la conduite à adopter. Mais il pensait alors à la Femme et son amour pour elle l'aidait à relever tous les défis.

Il voyagea loin et partout, à travers de nombreuses contrées. Il trouva en chemin beaucoup de créatures peureuses qu'il conquit. Il prit confiance en lui. Son corps devint fort et puissant. Sa renommée s'étendit très loin et toutes les autres créatures se mirent à le respecter et à le craindre.

Comme il s'aventurait toujours plus loin de sa demeure originelle et se passionnait de plus en plus pour ses aventures, le souvenir de la Femme commença à s'estomper. Finalement, il l'oublia tout à fait tant son propre pouvoir le grisait, pouvoir qui, découvrit-il, surpassait celui de toutes les autres créatures de la Terre.

Il ne pensait plus qu'au prochain défi, à la prochaine conquête. Il tua beaucoup de créatures et s'appropria leur territoire. Rien ne pouvait l'arrêter dans sa quête, il voulait toujours aller plus loin.

Un jour, tandis qu'il pourchassait une créature qui lui avait échappé, il arriva au bord d'une falaise. Il avait un tel élan qu'il faillit tomber dans le vide et il se rattrapa juste à temps. Ce fut un choc pour lui de se rendre compte qu'il avait atteint le bout de la Terre. Pour la première fois depuis longtemps, il se sentit perdu et il eut peur. Il ne pouvait aller plus loin et il ne savait plus quoi faire.

Comme la nuit tombait, il s'allongea au bord de la Terre. Cette nuit-là, il rêva de la Femme. Il vit son beau visage et sa belle silhouette et perçut sa présence aimante. Il se réveilla en sursaut en se languissant d'elle. Il se rendit compte qu'il avait oublié le sens et le but de sa vie et que, par là, il s'était égaré et avait failli se détruire lui-même. Il comprit que sa quête était achevée et que le moment était venu de rentrer chez lui et de retrouver sa partenaire.

En repartant dans la direction d'où il venait, il trouva le chemin dur et long. N'étant plus stimulé par sa recherche du pouvoir, il était confronté à ses limitations. Cela le rendit humble et cette humilité lui donna la sagesse. Avançant plus doucement, il put voir et comprendre beaucoup de choses à propos de lui-même et de la vie.

Il s'aperçut que nombre des créatures qu'il avait massacrées avec insouciance étaient devenues des démons qui lui barraient à présent la route et le menaçaient férocement. S'il en fuyait une, il découvrit qu'elle le poursuivait sans relâche. S'il la tuait, elle se multipliait et elles étaient mille ensuite à ses trousses. La seule manière de traiter avec les démons consistait à s'arrêter et à s'en faire des amis, afin de découvrir les leçons qu'ils lui réservaient et les inclure dans son entourage. A partir du moment où ils étaient acceptés et admis, ils utilisaient leur pouvoir pour l'aider dans son voyage de retour qui devenait alors plus rapide et plus facile.

Enfin, un jour, il arriva chez lui. Il était grand et fort, l'expérience et la sagesse avaient marqué et adouci ses traits. Il était entouré de toutes les bêtes et de tous les démons dont il s'était fait des amis et qui étaient désormais ses conseillers.

La Femme l'attendait et se languissait de lui depuis des âges et des âges. Elle avait suivi toutes ses aventures et senti qu'il l'avait oubliée. Elle avait craint qu'il ne revienne jamais. Elle avait ainsi découvert la souffrance, la tristesse, la solitude, la peur et la colère et était rentrée en elle-même pour y trouver la confiance et la foi. Elle sortait plus forte de ses expériences, et en même temps plus profonde et plus douce. Elle était d'une telle beauté qu'à sa vue, le coeur de l'Homme s'arrêta un instant de battre dans sa poitrine.

Il s'agenouilla devant elle et lui promit de l'aimer, de la protéger et de rester pour toujours à ses côtés. Elle s'agenouilla face à lui et promit à son tour de toujours l'aimer, le soutenir et rester à ses côtés.

Ils se levèrent ensuite tous les deux et s'enlacèrent.

Et sans hâte, ils commencèrent à danser...

Quatrième partie

VOTRE VOYAGE

MÉDITATIONS ET EXERCICES

Contactez votre guidance intérieure

Mettez-vous dans une position de méditation confortable, soit allongé sur le dos, soit assis, le dos droit. Fermez les yeux, inspirez profondément et, en expirant, détendez profondément votre corps. Prenez une autre inspiration et, en expirant, détendez votre esprit et laissez partir vos pensées. Continuez à respirer profondément et lentement pour détendre votre corps et votre esprit.

A présent, prenez une autre inspiration profonde et, en expirant, imaginez que vous portez votre conscience sur un lieu très profond en vous. A chaque respiration, descendez davantage. Arrêtez-vous pour vous reposer en un endroit tranquille, au coeur de votre être. Pendant quelques instants, soyez simplement là, dans cet espace intérieur tranquille.

Imaginez que dans cet endroit profond en vous, vous pouvez vous connecter à la partie la plus sage de vous-même. C'est la partie qui sait tout ce que vous aurez jamais besoin de savoir et qui peut vous guider pas à pas sur votre chemin de vie. Vous n'avez qu'à demander et cette sagesse intérieure viendra à vous.

Demandez maintenant à votre guidance intérieure ce qu'elle a à vous dire ou à vous rappeler. Demandez que ce soit quelque chose de simple, de facile à recevoir. Puis détendez-vous et soyez réceptif à toute pensée, sentiment ou image qui viendrait à vous et paraîtrait juste.

Si rien ne vient, vous bloquez probablement le processus par trop d'efforts. N'en faites pas une affaire. Peut-être même aurez-vous au début l'impression de fabriquer ces images, pensées ou sentiments. Continuez malgré tout et soyez-en l'auteur ! Ils viennent quand même de l'intérieur de votre être. Certaines personnes trouvent plus facile d'imaginer qu'elles parlent à un homme ou une femme très sage qui leur donnent la guidance dont elles ont besoin.

Plus vous vous exercez à solliciter votre guidance intérieure et à faire confiance à ce qui vient à vous et plus le processus devient aisé et fiable. Vous pouvez poser des questions précises ou demander de l'aide par rapport à des problèmes déterminés. Si vous ne recevez pas de réponse immédiate, vous vous apercevrez qu'elle vous parvient plus tard sous une forme ou une autre : une pensée ou un sentiment, un rêve, un livre, une remarque que quelqu'un vous fait et qui éveille le sentiment d'un savoir intérieur.

Eveillez votre corps

Lorsque vous vous réveillez le matin, restez couché encore quelques minutes et soyez attentif à ce que votre corps éprouve et à ce que vous ressentez au niveau émotionnel. Dites-vous que vous vous aimez et vous appréciez tel que vous êtes et que vous acceptez vos sentiments et vos émotions comme faisant naturellement partie de la vie. Dites à votre corps que vous appréciez qu'il soit là à votre disposition.

Levez-vous lentement et buvez lentement un verre d'eau fraîche en pensant que cette eau nettoie et réapprovisionne votre corps. Attendez quelques minutes avant de boire ou de manger.

Mettez une musique qui correspond à votre humeur. Lentement et en douceur, commencez à vous mouvoir et vous étirer.

Demandez à votre corps comment il désire bouger et laissez-le vous montrer ce qui est bon pour lui. Pensez à bouger les différentes parties de votre corps, votre tête, vos épaules, vos bras et vos mains, vos hanches, vos jambes et vos pieds, leur donnant ainsi à tous une chance de «s'éveiller». Puis bougez librement sur la musique, faites ce qui vous plaît. Quand vous voulez arrêter, allongez-vous et détendez-vous. Sentez la pulsation de l'énergie vitale dans toutes les cellules de votre corps.

Explorez les énergies masculine et féminine

Mettez-vous dans un endroit tranquille, dehors ou à l'intérieur, où vous disposez d'assez d'espace pour bouger et où personne ne vous dérangera.

Debout dans une position agréable, les genoux légèrement fléchis, respirez profondément et lentement. Imaginez l'énergie féminine nourricière de la terre qui pénètre en vous par la plante des pieds et emplit tout votre corps. Commencez à marcher ou à bouger en sentant cette énergie féminine dans votre corps. Autorisez-vous à vous sentir ouvert, sensuel, réceptif, intuitif et puissant. Percevez votre connexion avec tout ce qui vous entoure. Si vous êtes une femme, imaginez que vous êtes une déesse. Si vous êtes un homme, imaginez que vous avez une déesse en vous. Bougez votre corps avec l'énergie de cette déesse.

Lorsque vous sentez que cette expérience est terminée, revenez à une position debout. Lentement, rendez l'énergie féminine qui est dans votre corps à la terre. Imaginez ensuite que vous absorbez l'énergie masculine par tous les pores de votre peau. Laissez-vous remplir de cette énergie masculine. Commencez à marcher ou bouger avec cette énergie masculine. Autorisez-vous à vous sentir fort, clair, centré, puissant. Percevez votre individualité, ce qui vous distingue de tout ce qui vous entoure. Si vous êtes un homme, imaginez que vous êtes un dieu. Si vous êtes une femme, imaginez que vous avez un dieu en vous. Bougez votre corps avec l'énergie de ce dieu.

Remarquez la différence quand votre corps est sensibilisé à l'énergie féminine ou à l'énergie masculine. Soyez conscient de la différence de relation avec votre environnement qu'induisent ces deux points de vue. Chacun est important, chacun est puissant. Jouez avec ces différentes énergies dans votre vie, faisant appel à elles quand vous en avez besoin. Essayez de les invoquer toutes les deux en même temps pour voir si vous pouvez faire l'expérience de leur équilibre.

Découvrez votre enfant intérieur

Trouvez pour méditer un endroit calme, sûr et confortable, où vous savez que vous ne serez pas dérangé. Asseyez-vous ou allongez-vous, en disposant des couvertures et des coussins pour vous sentir particulièrement à l'aise. Si vous êtes soucieux ou tendu, mettez une musique douce et légère et respirez lentement et doucement pendant quelques instants pour vous laisser le temps de vous détendre. Puis commencez la méditation.

Fermez les yeux et commencez par imaginer que vous vous trouvez en un bel endroit dans la nature. Vous longez un sentier, vous voyez et sentez la paix et la beauté de la nature tout autour de vous. Vous arrivez en un lieu particulièrement magique et vous commencez à l'explorer.

Vous prenez conscience de la présence d'un petit enfant à quelque distance. Puis vous avancez vers lui et découvrez ainsi s'il s'agit d'un garçon ou d'une fille, son âge approximatif, la manière dont il est vêtu et ce qu'il fait. En vous rapprochant encore, vous percevez son état : triste, content, effrayé, en colère, excité, curieux, pensif, etc. Veillez à ne pas effrayer cet enfant, approchez-vous de lui et entrez en contact. La manière dont vous le faites dépend de son humeur et de son activité. Faites confiance à votre intuition quant à la meilleure manière de faire connaissance avec cet enfant. Peut-être avez-vous envie de lui parler, de le toucher ou de le prendre dans vos bras, de vous associer à son activité ou à son jeu, d'explorer avec lui ou simplement de vous asseoir tranquillement. Laissez l'enfant vous montrer ce qu'il désire et ce qui est approprié.

Au bout d'un certain temps, demandez-lui, en mots ou télépathiquement, s'il a quelque chose à vous dire, un message à vous communiquer. Soyez réceptif pour entendre ou recevoir sa réponse. Demandez à l'enfant ce qu'il attend de vous, en cet instant ou dans votre vie en général. Recevez la réponse, en mots ou de toute autre manière.

L'enfant a un cadeau pour vous, quelque chose qu'il veut vous donner. Autorisez-vous à recevoir ce présent. Quel qu'il soit, il symbolise le message de l'enfant en cet instant.

Quand vous sentez qu'il est temps de partir, faites savoir à l'enfant qu'il peut soit vous accompagner, soit rester dans la sécurité et l'isolement de ce bel endroit. S'il choisit de rester, faites-lui savoir que vous tenez à lui et que vous reviendrez lui rendre visite le plus souvent possible. S'il veut vous accompagner, prenez-le par la main ou dans vos bras et repartez sur le sentier.

A nouveau, prenez conscience de votre corps et de la pièce dans laquelle vous vous trouvez. Très lentement et progressivement, ouvrez les yeux. Sentez l'énergie et la présence de l'enfant, en vous ou à vos côtés.

Vous êtes entré en contact avec certains aspects de votre enfant intérieur. Si vous trouvez cela difficile, c'est peut-être que votre enfant intérieur n'est pas prêt à se manifester. Réessayez cette méditation de temps à autre et quand vous serez prêt, cela se produira. Vous aurez peut-être l'impression que vous vous jouez la comédie. Pas de problème, car c'est un aspect de votre enfant intérieur qui joue cette comédie ! L'enfant que vous rencontrez peut être joueur, magique ou blessé, effrayé, en colère. Soyez sûr que tout ce qui vient est la partie avec laquelle vous avez besoin de rentrer en contact en ce moment précis. Si vous faites souvent cette méditation et avancez dans ce travail avec l'enfant, vous remarquerez des changements.

Certaines personnes rencontrent un enfant triste ou bouleversé dont les besoins n'ont jamais été satisfaits. En commençant consciemment à aimer et à être les parents de cet enfant, vous le rendrez plus gai et plus joueur. D'autres personnes rencontrent d'abord un enfant joueur et plus tard, éventuellement, quand il se sent en sécurité, un enfant plus vulnérable se révèle.

La rencontre avec votre enfant intérieur marque le début de la création d'une relation aimante et responsable avec cette partie de vous-même. Faites souvent cette méditation et établissez une connexion régulière avec votre enfant. Découvrez ce qu'il désire et ce dont il a besoin et donnez-le lui le plus possible, et dans la méditation et dans votre vie.

Traitez votre enfant intérieur de la même manière qu'un enfant réel que vous aimeriez. Allez dans un magasin de jouets et laissez-le choisir un animal en peluche ou-et un jouet qui lui plaît vraiment. Peut-être vous sentirez-vous ridicule, mais vous pouvez toujours faire semblant de l'acheter pour un autre enfant ! Prenez l'habitude d'avoir quelques activités que votre enfant intérieur apprécie vraiment, comme faire de la balançoire, du vélo, jouer avec des trains, des camions, des poupées, regarder des films pour enfants, aller au cirque, dans des parcs de loisirs ou à la plage.

Recherchez ce qui nourrit votre enfant intérieur et donnez plus de place à ces choses dans votre vie. La plupart des enfants ont besoin de multiplier les bons contacts avec les gens dont ils se sentent aimés. Ils ont souvent besoin de contact physique et d'affection. En cette époque agitée, beaucoup d'enfants intérieurs ont besoin de plus de paix, de calme et de repos. Les enfants aiment en général les animaux et leur proximité les nourrit. Vous découvrirez peut-être que votre chien, votre chat ou votre poisson rouge est le meilleur ami de votre enfant intérieur ! Les enfants adorent aussi être dans la nature.

Rappelez-vous les livres qui ont compté pour vous dans votre enfance et relisez-les. Lisez des contes pour vous endormir. Si votre partenaire est ouvert à ce genre de choses, lisez à l'heure du coucher et bordez-vous dans le lit à tour de rôle !

Si vous donnez régulièrement à votre enfant intérieur l'amour et la joie dont il a besoin, vous verrez la profonde guérison qui se produira en vous. Votre vie s'enrichira progressivement et deviendra plus heureuse.

Faites l'expérience des quatre éléments

Mettez-vous dans un endroit confortable, dehors si possible, ou à l'intérieur, ce n'est pas un problème. Allongez-vous sur le sol ou le plancher, sur une couverture, une serviette ou une étoffe quelconque et placez un coussin ou une serviette roulée sous vos genoux, si cela vous met plus à l'aise. Respirez profondément et lentement en détendant complètement votre corps et votre esprit.

Sentez (ou imaginez) la terre sous vous, soutenant votre corps. Recevez ce soutien et sentez votre corps se détendre toujours davantage tandis que vous vous abandonnez en confiance à la terre. Imaginez que votre corps devient de la terre : fort, stable et serein.

Imaginez maintenant qu'il commence à pleuvoir. Sentez l'humidité sur votre corps de terre. Imaginez que la pluie entraîne la terre dans une rivière. Sentez que vous vous dissolvez dans l'eau : vous coulez et tourbillonnez en toute liberté.

Imaginez que vos gouttelettes soient projetées dans l'air et s'évaporent. Vous flottez à présent, léger et libre, vous êtes une douce brise presque sans forme.

Sentez les chauds rayons dorés du soleil qui vous traversent. Fusionnez avec cette chaleur et devenez ce feu brillant.

Maintenant que vous avez fait l'expérience de chacun des éléments : la terre, l'eau, l'air et le feu, revenez à votre corps et sentez-le simplement détendu sur le sol ou le plancher. Pensez que votre corps, comme tout ce qui est créé, est fait de la combinaison de ces quatre éléments.

Contactez un endroit privilégié

Choisissez un lieu naturel que vous aimez. (Si vous n'avez d'amour pour aucun lieu, prenez-en un qui vous plaît.) Ce peut-être votre jardin ou un parc de votre ville ou la ferme de votre grand-père. Ce peut aussi être une plage, une forêt ou un lieu de vacances. Il faut que cet endroit vous soit accessible maintenant et que vous vous y rendiez.

Harmonisez-vous d'abord à ce lieu. Faites ce qui vous plaît, qui vous permette de sentir, voir et être conscient de ce lieu et non de vous en distraire. Peut-être allez-vous en faire le tour, regarder tout ce qui vous tombe sous les yeux ou vous étendre sur le sol et sentir la terre sous vous. Imaginez que vous êtes jeune et explorez cet endroit avec l'innocence d'un enfant.

Cherchez une place qui vous attire pour vous détendre et méditer. Trouvez une position confortable. Faites quelques respirations pour détendre votre corps et votre esprit. Imaginez que vous connectez l'esprit de cet endroit. (Vous aurez peut-être l'impression de vous jouer la comédie, mais ce n'est pas grave — continuez et jouez la comédie.)

Demandez à l'esprit du lieu s'il a quelque chose à vous communiquer. La communication peut passer par des mots ou de toute autre manière : pensées, images ou sentiments. Demandez-lui s'il attend ou a besoin de quelque chose de vous ou s'il a des problèmes dont il voudrait vous informer. Dans l'affirmative, pouvez-vous faire quelque chose pour lui venir en aide ?

Demandez aussi à ce lieu ce que vous aimeriez recevoir de lui, comme la sérénité, un soutien, une guérison, le pouvoir ou toute autre chose. Permettez-vous d'imaginer que vous recevez exactement ce que vous attendez de votre présence en ce lieu.

Continuez à cultiver votre relation avec cet endroit de manière régulière, de la façon qui vous convient le mieux. Si vous vous apercevez qu'il a des difficultés, voyez ce que vous pouvez faire concrètement pour l'aider. Vous serez largement récompensé par votre relation avec votre endroit favori sur la Terre.

Découvrez un objet de pouvoir

Rendez-vous en un bel endroit dans la nature et cherchez un endroit confortable où vous asseoir pour une petite méditation. Respirez profondément et détendez votre corps et votre esprit, puis laissez descendre votre conscience en un lieu profond et paisible au fond de vous. Demandez à votre moi intuitif de vous guider vers un objet de pouvoir approprié.

Puis levez-vous et promenez-vous en regardant autour de vous et en observant tout ce que vous voyez sur le sol et autour de vous. Ramassez des choses et examinez-les si vous vous sentez attiré par elles. A un certain moment, vous trouverez un objet qui vous semblera chargé de sens ou de pouvoir. Ce peut être une pierre, une feuille, une plume, un coquillage, une pomme de pin ou toute autre chose.

Asseyez-vous et méditez de nouveau, votre objet de pouvoir dans la main. Demandez-lui quel sens il revêt pour vous. Ayez confiance en tout ce qui vous viendra à l'esprit après avoir posé cette question. Autorisez-vous à recevoir le message ou le sentiment venant de votre objet.

Ramenez-le chez vous et trouvez-lui une place dans votre maison. Prenez quelques instants chaque jour pour le saluer.

Découvrez votre animal de pouvoir

Mettez-vous dans une position confortable pour méditer. Respirez lentement et détendez-vous profondément. Laissez descendre votre conscience en un lieu profond et calme en vous et imaginez que vous connectez votre guidance intérieure. Demandez à découvrir votre animal de pouvoir.

Imaginez maintenant que vous marchez dans la forêt ou la jungle. Vous voyez et-ou sentez la présence de nombreux animaux autour de vous. A un certain moment, vous rencontrez un animal qui revêt pour vous une importance particulière. Demandez-lui quel est son message et ouvrez-vous pour le recevoir. Cet animal peut vous parler avec des mots ou télépathiquement, ou encore vous indiquer ce qu'il veut par des actions. Faites confiance à toutes les impressions qui vous arrivent et entrez en relation avec l'animal en tenant compte de ces impressions. Si vous avez l'impression de vous jouer la comédie, ce n'est pas grave. Continuez.

Cet animal représente un certain genre de pouvoir ou de sagesse. Autorisez-vous à recevoir le cadeau qu'il a pour vous. Sachez que cet animal est désormais votre ami ou votre allié. Appelez-le chaque fois que vous avez besoin de son énergie.

La méditation de l'arbre

Choisissez un arbre. Asseyez-vous à ses pieds, grimpez sur l'une de ses branches ou mettez-vous debout devant lui et entourez son tronc de vos bras. Cherchez la meilleure manière d'entrer en contact physique avec lui.

Fermez les yeux et détendez-vous pour atteindre un état d'esprit méditatif. Imaginez que cet arbre est une mère, un père, un frère ou une soeur pour vous. Parlez-lui mentalement, dites-lui ce qu'il vous inspire. Puis faites le silence dans votre esprit et recevez l'énergie de cet arbre. Vous la trouverez peut-être nourricière, forte ou sage, ou peut-être pleine d'humour. Faites confiance à votre relation avec cet arbre, quelle qu'elle soit.

S'il se trouve près de chez vous, rendez-lui souvent visite. Il se révélera peut-être un ami très réconfortant et très aimant.

La méditation du rocher

Cherchez un gros rocher, assez lisse pour que vous puissiez vous asseoir ou vous coucher dessus, ou encore vous adosser contre lui. Sentez sa force et sa fermeté. Prenez note de sa fraîcheur ou de sa chaleur. Pensez à son âge et à tout le temps qu'il a passé en ce lieu. Imaginez que vous êtes le rocher et essayez de vous représenter ce que c'est que d'être là si calme depuis des centaines, des milliers ou peut-être des millions d'années. Laissez-vous imprégner par l'énergie sereine et puissante de ce rocher.

Demandez une bénédiction

Chaque fois que vous faites quelque chose dans la nature ou quelque chose qui est en rapport avec la Terre, prenez un moment pour demander la bénédiction de la terre, de la plante, de l'animal ou d'autres esprits de la nature dans le lieu concerné.

Si vous faites bâtir une maison ou toute autre construction, si vous plantez un jardin, commencez par un petit rituel. Une partie de ce rituel sera une demande de bénédiction par le lieu lui-même et de coopération de tous les êtres qui y vivent déjà, les plantes, les insectes, les animaux, etc.

Demandez à être guidé vers le développement et l'utilisation corrects et les meilleurs de la propriété. Puis ayez confiance en votre intuition pour agir. Si vous rencontrez des obstacles, lâchez prise sur le moment et demandez à être guidé. Puis suivez vos idées et impulsions. Les plans qui ne sont pas justes seront fortement entravés tandis qu'en principe, les bons se dérouleront facilement.

Rappelez-vous que nous ne pouvons jamais «posséder» véritablement une partie de la terre. Nous en sommes les gardiens et l'endroit lui-même nous fera savoir ce dont il a besoin et ce qu'il désire.

Racontez votre histoire

A un certain moment de notre vie, nous avons besoin de raconter notre histoire. C'est un processus puissant qui peut apporter conscience, intégration et achèvement à certaines phases de notre vie.

Essayez d'écrire l'histoire de votre vie, simple et courte ou longue et détaillée, à votre guise. Si vous n'aimez pas écrire ou dactylographier, enregistrez sur cassettes. Vous pouvez aussi le faire sous forme de dessins ou de peintures, ou de danse. Une autre possibilité consiste à raconter à un ami, à un groupe, à un thérapeute (avec lequel vous vous sentez bien et qui a le temps, l'intérêt et la patience nécessaires pour cela).

Pendant que vous racontez votre histoire, ne vous préoccupez pas des dates et des détails. Concentrez-vous sur les événements et les sentiments importants. Rappelez-vous que vous faites cela uniquement pour vous, pour votre satisfaction et votre connaissance. Vous n'essayez pas d'impressionner ni de satisfaire quelqu'un d'autre, ni de vous conformer à une règle ou une norme. Procédez comme il vous plaît.

Si vous tenez un journal ou tout autre genre d'enregistrement de vos expériences, le fait de raconter votre histoire peut devenir un processus permanent.

Ecrivez avec l'autre main

Le fait d'écrire avec la main non dominante (la gauche si vous êtes droitier, la droite si vous êtes gaucher) est une façon puissante d'accéder à des aspects plus profonds ou reniés de votre être. Vous pouvez demander à cette main de représenter l'essence de votre âme, votre enfant intérieur ou votre être créateur. Puis demandez à cette partie de vous-même ce qu'elle a à vous dire et laissez votre main non dominante l'écrire.

Par exemple, demandez à votre enfant intérieur de vous écrire une lettre exprimant ce qu'il a à vous dire ou ce qu'il attend de vous. Puis écrivez cette lettre avec votre main non dominante et signez-la du nom par lequel on vous appelait dans votre enfance.

Vous pouvez aussi écrire des questions émanant de la personnalité de votre main dominante et écrire les réponses venant de votre âme ou de votre moi supérieur avec l'autre main.

Un processus de communication

Voici l'un des meilleurs processus que je connaisse pour résoudre des difficultés de communication et de relation. Il suffit de deux personnes, mais au début, la présence d'un facilitateur est conseillée, surtout si le problème est grave ou ancien et s'il engage beaucoup d'émotion. Lorsque vous avez appris à utiliser ce processus avec un facilitateur, vous pouvez vous passer de lui.

Si vous avez un facilitateur, il doit pouvoir rester objectif et impartial et avoir la confiance des deux participants. Le facilitateur veille à ce que les participants suivent les règles du processus et restent dans la structure et il ne dit ni ne fait rien pour aider les participants à régler le problème.

Les trois autres conditions à respecter sont :

1. Les deux participants sont disposés à y voir clair et désireux de régler leurs problèmes.

2. Le processus se déroule dans un endroit agréable et confortable où il n'y a pas de risque d'interruptions.

3. Il faut compter une heure et demie à deux heures. Les choses peuvent se passer plus vite, mais il est nécessaire de prévoir ce laps de temps, surtout si le conflit est grave. Il est également important de prévoir un autre moment dans le futur proche pour continuer le processus si le temps alloué est écoulé avant que la solution n'ait été atteinte. Ce processus plaît souvent tellement aux gens qu'ils décident de poursuivre de manière régulière.

L'homme éprouve le besoin fondamental de savoir que quelqu'un qu'il aime comprend ce qu'il ressent. Dans les conflits, les deux personnes essayent souvent désespérément d'être entendues et comprises et aucun n'entend ni ne comprend l'autre. Le processus de communication, s'il est fait correctement, garantit presque que les deux personnes finiront par sentir qu'elles ont été écoutées et comprises l'une par l'autre. Ainsi la plus grande partie de la charge émotionnelle est dissoute et d'autres aspects du conflit peuvent être réglés plus facilement.

Pour commencer, trouvez des positions assises confortables, l'un en face de l'autre. Il vous faut de quoi écrire à portée de la main. (Je vais donner un exemple où les deux personnes sont un homme et une femme, mais cela s'applique bien sûr à deux personnes quelles qu'elles soient.)

Chaque personne commence par exposer brièvement son but ou désir par rapport à cette séance. Par exemple : «Mon but est de sentir que tu comprends ma position par rapport à cette situation» ou : «Je désire que nous dissolvions toute cette souffrance et cette colère afin de pouvoir à nouveau ressentir de l'amour l'un pour l'autre».

Une fois ces buts énoncés, vous passez à la partie essentielle du processus comme suit.

Une personne commence. Elle parle simplement du problème, exprimant ses sentiments ou son point de vue, le plus clairement possible. Mieux vaut se concentrer sur les aspects et sentiments les plus importants au lieu de trop s'appesantir sur des détails : ce qui s'est passé, qui a dit quoi, etc., à moins que l'un de ces détails ne revête de l'importance. Le temps de parole est de cinq à dix minutes.

Pendant ce temps, l'autre écoute tout attentivement et essaye de comprendre et de se remémorer les points essentiels. La plupart des gens s'aident en prenant des notes, ce qui est toutefois pour certains trop difficile ou les déconcentre. L'important est que l'autre personne écoute ce que dit la première assez attentivement pour pouvoir lui répéter ce qui a été dit en essence.

Lorsque la première personne a terminé, la seconde répète ce qu'elle a compris de ce qui a été dit (inutile d'entrer dans les détails, les points essentiels qu'elle voit et sent suffisent). Elle ne dit pas qu'elle est d'accord avec l'autre, elle lui montre simplement qu'elle a écouté et pris note de son point de vue. Si elle a mal compris ce qui a été dit ou oublié quelque chose d'important, la première personne peut ensuite donner ses correctifs, qu'elle répétera jusqu'à ce qu'elle ait le sentiment que la seconde personne l'a bien entendue.

C'est alors au tour de la deuxième personne d'exposer son point de vue sur le problème pendant cinq à dix minutes et son ressenti. La première écoute attentivement, prend éventuellement des notes. Lorsqu'elle a terminé, elle lui répète l'essentiel de ce qu'elle a dit. Elle a alors la possibilité de clarifier ou de corriger ce que rapporte la première personne jusqu'à ce qu'elle ait le sentiment que celle-ci lui renvoie un bon écho de son point de vue.

Elles échangent ensuite de nouveau leurs rôles, la première prenant quelques minutes pour discuter du problème, tandis que la seconde écoute, puis répète ce qu'elle a entendu. Ensuite, c'est à nouveau son tour.

Cette alternance continue jusqu'à ce que chaque personne ait le sentiment d'avoir pu dire tout ce qu'elle avait besoin de dire et sente que l'autre l'a écoutée et a répété fidèlement l'essentiel de ses dires.

Au début, vous aurez peut-être beaucoup de mal à le faire. Il est très difficile de rester calmement assis et d'écouter le point de vue de l'autre quand il parle de quelque chose qui vous bouleverse beaucoup. La tentation est grande d'intervenir et de corriger, contredire ou mettre en cause ses propos, parce que vous savez que ce qui est dit est faux, inexact, injuste, etc. (D'où l'utilité d'un facilitateur.) Si vous pouvez développer la patience et la discipline permettant de suivre ce processus, vous verrez qu'il devient plus facile au bout d'un moment parce que vous avez l'occasion d'exprimer vos sentiments et d'être écouté par l'autre personne.

Rappelez-vous qu'en écoutant et en répétant ce qui a été dit, vous ne donnez votre accord en aucune façon à ce que l'autre a dit. Vous lui montrez simplement que vous l'avez entendu. Cela vous aidera peut-être d'imaginer que vous êtes un reporter objectif qui interviewe quelqu'un et note ce que cette personne dit.

Voici un bref exemple simplifié d'un premier tour du processus :

Première personne : «J'étais vraiment fâchée que tu sois rentré si tard hier soir et que tu ne m'aies même pas téléphoné. Parfois, je te trouve tellement indélicat. Surtout que je t'avais dit que je préparais un dîner spécial. Et quand tu es rentré, tu ne m'as presque pas parlé. Je ne supporte pas d'être traitée ainsi.»

Deuxième personne (répétant l'essence) : «Tu étais très fâchée parce que je suis rentré tard et que j'ai gâché le dîner spécial que tu avais préparé. Tu me trouves très indélicat de ne pas t'avoir téléphoné.»

Première personne (corrigeant) : «Le pire fut que tu n'as pas communiqué avec moi lorsque tu es rentré.»

Deuxième personne (répétant la correction) : «Le pire pour toi fut que je ne t'ai pas beaucoup parlé quand je suis rentré.»

Première personne : «Oui.»

Deuxième personne (prenant son tour) : «C'est encore un exemple de situations auxquelles je suis sans cesse confronté. J'ai eu une journée très dure au bureau. Je croule sous les problèmes et les demandes. Je n'ai pas une minute pour souffler et quand je rentre à la maison, je dois faire face à ta colère. Ce serait agréable de rentrer et de trouver plutôt de l'affection. Parfois, je n'ai même pas envie de rentrer parce que je redoute ce qui m'attend.»

Première personne (répétant) : «Tu dis que tu as eu une journée très difficile au travail et qu'en rentrant tu as eu le sentiment d'avoir à faire à un problème de plus. Des situations de ce genre te semble fréquentes. Tu aimerais que je me montre plus accueillante quand tu rentres.»

Deuxième personne : «Oui, c'est cela.»

Etc.

Ce processus peut être très efficace pour dissoudre les blessures émotionnelles sous-jacentes à la plupart de nos conflits. Bien sûr, ce n'est pas un remède magique pour les difficultés relationnelles graves. Si vous croyez ne pas pouvoir supporter cette structure ou si elle ne vous aide pas, je vous conseille de rechercher une aide professionnelle. Selon moi, nous avons presque tous besoin d'aide par rapport à nos relations à certains moments et rien ne peut remplacer un bon thérapeute ou un facilitateur.

Ceux d'entre vous qui trouvent ce processus efficace découvriront qu'en le répétant sous une forme abrégée de manière régulière, ils évitent que leurs principaux problèmes ne s'enveniment

Remerciez la terre

Chaque jour, la première chose que vous pouvez faire une fois levé est d'aller à la fenêtre ou de sortir dans le jardin et de regarder la beauté de la nature telle qu'elle se présente ce jour-là. Si vous vivez en appartement en ville, sans jardin ni arbres, vous pouvez avoir des plantes d'intérieur ou vous pencher par la fenêtre pour regarder le ciel.

Remerciez la terre mère et tous les éléments. Remerciez pour ce nouveau jour. C'est un don précieux.

Visualisez le Jardin

Mettez-vous dans une position confortable pour méditer. Fermez les yeux, prenez quelques respirations profondes et détendez votre corps et votre esprit.

Imaginez que vous pouvez vous projeter un certain nombre d'années dans le futur. Imaginez que vous avez réalisé une guérison intérieure et une transformation de vous-même considérables. Vous en êtes arrivé à aimer et exprimer tous les aspects de vous-même d'une manière équilibrée et intégrée. Il en résulte que vous êtes sage, puissant, aimant et vibrant de vie. Les énergies féminine et masculine en vous sont développées et équilibrées et votre enfant intérieur s'exprime librement et pleinement. Vous êtes en contact avec votre propre âme qui vous guide.

Vous entretenez avec les autres des relations intimes, honnêtes et stimulantes qui reflètent votre complétude. Vous vous exprimez créativement, vous faites le travail que vous aimez. Imaginez autant de détails que vous le voulez sur votre situation et votre vie personnelle. Que ce soit ce que vous visualisez de mieux pour vous-même.

Une grande transformation de conscience s'est produite dans le monde tout entier. La race humaine vit maintenant en harmonie avec elle-même, les autres espèces et notre planète. La plupart des institutions ou structures qui n'étaient plus en accord avec les besoins de la planète ont été supprimées ou transformées. Les gouvernements dirigent désormais avec efficacité pour le bien supérieur de tous. Les gens mènent des vies quotidiennes pleines de la richesse naturelle et de la passion de l'existence terrestre. Ils sont pleinement harmonisés à leur connexion avec leur source spirituelle. Enrichissez ce tableau de vos propres idées et détails créateurs.

Imaginez que la Terre elle-même retrouve son équilibre. Plus belle, variée, généreuse et magique que jamais, c'est un endroit véritablement merveilleux pour vivre. L'humanité a développé sagesse et conscience et est donc de retour au Jardin.

Dans son précédent ouvrage : *«Techniques de visualisation créatrice»*, Shakti Gawain nous introduisait à un mode de vie dans lequel chacun peut apprendre à utiliser ses propres richesses, par la visualisation créatrice, pour créer sa réalité.

«Vivez dans la lumière», c'est encore un pas plus loin : Shakti Gawain nous fait découvrir comment, en acceptant pleinement notre intuition et en équilibrant nos pôles féminin/ masculin, nous pouvons devenir «un canal du pouvoir créateur de l'Univers», et participer ainsi à la transformation du monde, en même temps qu'à la nôtre.

Alors nous accédons à la créativité, à l'action juste, à la joie de vivre, à la paix profonde, sans même les rechercher ! La vie devient compréhensible et source de bonheur !

«Vivez dans la lumière» est un choix intérieur à faire au quotidien : Shakti Gawain traite des domaines concrets de la vie, et partage avec nous sa propre expérience vécue ! ■

Lire des livres sur le développement personnel apporte une ouverture de la conscience; mettre ces nouvelles idées en pratique, c'est mieux !

Shakti Gawain nous offre ce livre dans ce but, sous la forme attrayante et aisée de pensées et affirmations quotidiennes.

Il suffit de quelques instants pour s'en imprégner, au réveil par exemple, et l'on peut y revenir dans la journée : ces courts instants mis bout à bout représentent finalement un travail considérable !

De quoi changer de mode de vie en douceur, et prendre sa vie en mains ! ■

LE SOUFFLE D'OR A DÉJÀ PUBLIÉ:

Collection FINDHORN :

- Révélation *(épuisé)*
- La voix des anges
- Jeux nouveaux
- Semence d'étoile
- Emergence
- Les bâtisseurs de l'aube
- L'envol vers la liberté
- Le retour du peuple des oiseaux
- La petite voix
- Le livre d'Emmanuel

Collection CHRYSALIDE :

- La métamorphose
- Vivez dans la lumière
- Un instant, une pensée
- Elixirs floraux et médecine vibratoire *(épuisé)*
- Les élixirs floraux du Dr Bach
- Cristal de vie
- Cristaux et développement personnel
- Guide des musiques nouvelles
- L'enfant et la relaxation
- Yoga et Maternité
- Toute la kinésiologie

- Kinésiologie, le plaisir d'apprendre
- Kinésiologie pour enfants
- Le corps ne ment pas
- Equilibrer l'énergie vitale par la polarité
- Les endorphines
- Fleurs et santé
- Le papillon noir
- Communier avec votre enfant avant la naissance
- La vie ouverte
- Neuf clés pour vivre sa mort

Collection PAROLE :

- Naissance du 4ème type
- L'homme perfectible

Collection de la ROSÉE :

- Le joueur de flûte
- Les enfants aux yeux de soleil

Hors collection :

- Le guide de l'éducateur nature
- L'homme autrement
- Médecine de l'essence *(épuisé)*
- La Guérison : de la tradition à aujourd'hui
- La Terre s'éveille

Achevé d'imprimer en mai 1991
sur presse CAMERON
dans les ateliers de la S.E.P.C.
à Saint-Amand-Montrond (Cher)

Dépôt légal : mai 1991.
N° d'impression : 1253.

Imprimé en France